Winter of 88

a play by
Mohammad Yaghoubi

Translated by Nazanin Malekan and
Mohammad Yaghoubi

PLAYWRIGHTS CANADA PRESS

TORONTO

Winter of 88 © Copyright 2023 by Mohammad Yaghoubi
First edition: March 2023
Printed and bound in Canada by Imprimerie Gauvin, Gatineau

Jacket art by Michelle Paterok
Author photo © Aida Keykhaii

For professional or amateur production rights, please contact Playwrights Canada Press.
202-269 Richmond St. W., Toronto, ON M5V 1X1
416.703.0013 | info@playwrightscanada.com | www.playwrightscanada.com

LIBRARY AND ARCHIVES CANADA CATALOGUING IN PUBLICATION
Title: Winter of 88 / by Mohammad Yaghoubi ; translated by Nazanin Malekan =
   Zemestāne shastoshesh / Muḥammad Ya'qūbī.
Other titles: Zemestāne shastoshesh. English | Zemestāne shastoshesh
Names: Ya'qūbī, Muḥammad, 1967- author. | Malekan, Nazanin, translator.
Description: First English edition. | A play. | Translation of: Zemestāne shastoshesh.
Identifiers: Canadiana (print) 20230147402 | Canadiana (ebook) 20230147518
   | ISBN 9780369104199 (softcover) | ISBN 9780369104212 (EPUB)
   | ISBN 9780369104205 (PDF)
Classification: LCC PS8647.A722 Z5613 2023 | DDC C891/.5534—DC23

Playwrights Canada Press operates on land which is the ancestral home of the
Anishinaabe Nations (Ojibwe / Chippewa, Odawa, Potawatomi, Algonquin,
Saulteaux, Nipissing, and Mississauga), the Wendat, and the members of the
Haudenosaunee Confederacy (Mohawk, Oneida, Onondaga, Cayuga, Seneca,
and Tuscarora), as well as Metis and Inuit peoples. It always was and always will be
Indigenous land.

We acknowledge the financial support of the Canada Council for the Arts, the
Ontario Arts Council (OAC), Ontario Creates, and the Government of Canada for
our publishing activities.

Canada Council   Conseil des arts
for the Arts   du Canada

ONTARIO ARTS COUNCIL
CONSEIL DES ARTS DE L'ONTARIO
an Ontario government agency
un organisme du gouvernement de l'Ontario

Canadä

ONTARIO | ONTARIO
CREATES | CRÉATIF

The English premiere of *Winter of 88,* with the generous support of the Canada Council for the Arts, was produced by NOWADAYS THEATRE and presented at the Next Stage Theatre Festival at Factory Theatre Mainspace, Toronto, from January 10–18, 2020. The cast and creative team was as follows:

Nasrin: Aida Keykhaii
Nahid: Parmida Vand
Babak: Jonathan Shaboo
Mahyar: Armon Ghaeinizadeh
Zoé: Sarah Marchand
Soheil: Amir Zavosh
Man's Voice: Mohammad Yaghoubi
Woman's Voice: Aida Keykhaii

Director: Mohammad Yaghoubi
Lighting Designer: David DeGrow
Stage Manager: Whitney Hewitt
Assistant Director: Mahsa Ershadifar
Music: Behrang Baghayee
Makeup Artist: Mina Ketabian
Poster Designer: Saman Farzaneh

Special thanks to Parmida Vand for editing the translation. Also thanks to Sarah Marchand, Whitney Hewitt, Ava Goharkaboodi, Ariyan Goharkaboodi, and Mahsa Ershadifar.

Notes on the Script

Dialogue in italics is the characters' inner thoughts, which the other characters will not hear. Then the exact moment repeats to distinguish between what has been heard and what has not. Actors are advised not to clarify for audiences that they are speaking or performing their inner thoughts.

Below is a list of Farsi words used frequently throughout the play with English translation:

aghaa: sir
areh: yes
azeezam: my dear
basheh: okay!
daadaash jan: brother dear
ei khodaa: oh God!
jan / joon: often used after someone's name as a term of endearment
khaanoom: ma'am
khob: so
khodaayaa: oh God!
khodaa haafez: bye
khodaayaa shokret: thank God!
maadar: mother
maamaan: mom
salaam: hello
vaa: an exclamation of surprise
yaa khodaa: oh, my God!

Historical Background

Winter of 88 creates a window to the days when death was just around the corner, and even though many survived death, no one survived the trauma.

The Iran–Iraq War was one of the longest wars of the twentieth century, beginning in 1980 and lasting eight years. During the last year of the war, on February 29, 1988, both countries began to bombard each other's capitals and other cities with missiles. The attacks lasted fifty days; 133 missiles were shot every nine hours. A few months earlier, Iranian political leaders were not prepared to accept the peace treaty, calling the war the "Holy Defence." People were being killed in cities far from the Iranian capital every day, but when the Iranian capital was repeatedly attacked, leaders accepted the peace treaty ending the war that year.

Characters

NAHID (Nāhid), a woman of twenty-seven.

NASRIN (Næsrin), Nahid's mother, a woman of forty-six.

MAHYAR (Mahyār), Nahid's brother, a young man, eighteen years old.

BABAK (Bābak), Nahid's husband, a man of thirty-two.

PARVANEH (Parvāneh), Neighbour, pregnant, a woman of twenty-nine.[*]

SOHEIL, Parvaneh's brother-in-law, a man of thirty-eight, mute.

MAN'S VOICE, a playwright.

WOMAN'S VOICE, the playwright's wife.

Setting

A two-bedroom apartment in Tehran, Iran.

---

[*] In the 2020 English premiere of this play in Canada, the playwright changed the character's nationality to French, and her name was Zoé. She spoke French with her family.

Scene One:
Where Were You the Winter of '88

The stage is dark and the following voices are heard from the speakers.

MAN'S VOICE: Where were you the winter of '88?

There is no response. A moment later . . .

WOMAN'S VOICE: What?

MAN'S VOICE: Were you sleeping? Sorry.

WOMAN'S VOICE: No. No. I was falling asleep, but what did you say?

MAN'S VOICE: I asked where you were the winter of '88.

WOMAN'S VOICE: Which winter?

MAN'S VOICE: Go back to sleep.

WOMAN'S VOICE: No, which?

MAN'S VOICE: Sleep, we'll talk tomorrow.

WOMAN'S VOICE: No, tell me.

MAN'S VOICE: Where were you the winter of 1988?

WOMAN'S VOICE: Don't remember.

Short pause.

Why?

MAN'S VOICE: Were you here?

WOMAN'S VOICE: I don't remember.

MAN'S VOICE: The winter of '88 was different than any others. You must remember.

WOMAN'S VOICE: I don't remember where I was. Why was it different?

MAN'S VOICE: Sleep, we'll talk tomorrow.

WOMAN'S VOICE: Come on! Tell me why it was different? I'll be too curious to fall asleep if you don't say.

MAN'S VOICE: The missile attacks.

WOMAN'S VOICE: Ahhh yes! Right. The attacks. Yeah.

MAN'S VOICE: So? Where were you?

WOMAN'S VOICE: On the second day, my family and I went to the North . . . where were you?

MAN'S VOICE: Right here. Tehran was not as crowded. There was no traffic.

WOMAN'S VOICE: Up to the end of the attacks?

MAN'S VOICE: Yeah.

WOMAN'S VOICE: How come you're alive?

MAN'S VOICE: Maybe I'm not.

WOMAN'S VOICE: Stop!

MAN'S VOICE: Tell me about you and your family. What do you remember from those days?

WOMAN'S VOICE: I feel sleepy. Shall we chat tomorrow?

MAN'S VOICE: Okay.

WOMAN'S VOICE: I love you.

MAN'S VOICE: Love you too.

WOMAN'S VOICE: I'll just tell you one thing I distinctly remember and leave the rest for tomorrow.

MAN'S VOICE: Yes?

WOMAN'S VOICE: Those days, any small, insignificant thing would have made me happy. The most boring jokes, the smallest gifts.

The stage is lit. It is full of moving boxes, some are opened, some not, and some with "Fragile" tape. NAHID and her mother, NASRIN, are busy opening boxes and putting things away. A rooster crows from the upstairs neighbour. It will be heard from time to time in the play.

NASRIN: Vaa! Our neighbour has a rooster.

NAHID: Perfect. That monster's "ghooghooleghooghoo" will wake us up anytime for a whole year.

NASRIN: I love the sound of roosters. It's good for you too. It'll force you to wake up early and not sleep till noon.

NAHID: Mahyar . . . Mahyar. Go get the rest of the stuff from downstairs.

NASRIN: Have you let the movers go?

NAHID: Well yeah, it's been three hours. They would have charged us more if they stayed longer. Besides, they moved the heavy furniture already. Which box is the phone in?

NASRIN: One of these.

NAHID: Did you hear me, Mahyar?

NASRIN: He'll go get them, Nahid jan. Let him rest a bit.

NAHID: That stuff can't just be left outside, Maamaan. Come on, Mahyar.

MAHYAR enters the stage from another room. NAHID finds the phone and connects it.

MAHYAR: Why did you let the movers go? They would have only asked for a hundred more, tops, if they stayed for another hour.

NAHID: Really! If a hundred is nothing, then give it to me right now and I'll bring all that stuff upstairs myself.

NASRIN: Go bring the stuff upstairs, my son!

NAHID: What are you doing here?

NASRIN: Are you talking to us?

NAHID: This dumbbell set ...

(to MAHYAR) I thought I told you to put this in storage.

MAHYAR: I want to work out.

NAHID: You've been saying that for a year.

MAHYAR: I want to work out on the balcony every day.

NAHID: Not an option.

MAHYAR: It's not up to you. It's my room. I want to work out there.

NAHID: Who said it's your room?

MAHYAR: I said from the beginning that I want this room.

NASRIN: We'll stay in that room, azeezam.

MAHYAR: No way. I've made plans for this room. I'm going to do reps on the balcony every morning. I'm gonna hang a mosquito net and sleep there in the summer.

NAHID: Your room is that other one with Mom.

MAHYAR: Who asked you? It's not your decision.

NAHID: Ah, I'm tired. Stop being unbearable—

MAHYAR: *(interrupting NAHID)* Who cares if you're tired? Aren't we all? She talks as if she's the only one who's worked.

WOMAN'S VOICE: It's too pedestrian. The problem with your scripts is they are too pedestrian. And now you're offended. Yeah, you're offended.

MAN'S VOICE: No.

WOMAN'S VOICE: Yeah.

MAN'S VOICE: Nope.

WOMAN'S VOICE: *(smiling)* Yes.

MAHYAR: Aren't we all? She talks as if she's the only one who's worked.

NASRIN: The shower is in there, son. You'll be disturbed every time someone wants to take a shower. Don't you want to—

MAHYAR: It's no problem, I want that room.

NASRIN: It's no problem? You want that room?

MAHYAR: I want that room.

NAHID: Stop scheming for that room and go get the stuff from downstairs.

MAHYAR: I won't touch a thing until the room's ownership is decided.

NASRIN: Okay then, exercise in our room, azeezam.

MAHYAR: I can't exercise in your room, Maamaan jan. The whole room will smell like sweat.

NAHID: A house is no place for exercise. Go to the gym.

MAHYAR: If I were in Babak's shoes, I would have left you by now.

NASRIN: Mahyar!

NAHID: Then I wish you were in his shoes because I would love it if he does.

MAHYAR: I WANT that room.

NASRIN: We've talked already, my son . . .

MAHYAR: No one talked to me.

NASRIN: *No one talked to you?*

MAHYAR: No one talked to me.

NAHID: I talked to mom.

NASRIN: *She talked to me.*

MAHYAR: You should have talked to me too.

NAHID: *I should have talked to you too?*

NASRIN: *She should have talked to you too?*

MAHYAR: You should have talked to me too.

(to NASRIN) Is it enough if she's only talked to you?

NASRIN: Listen, azeezam, that room—

MAHYAR: No, I wanna know if it's enough?

NASRIN: Well, no, but azeezam—

MAHYAR: Okay then.

> *MAHYAR goes to that room and returns with a box that he places on the stage.*

NAHID: What are you doing?

> *MAHYAR goes again to that room and returns with another box and places it on the stage.*

Don't touch my stuff. I'm talking to you!

MAHYAR: I already said I want that room.

NAHID: And I am telling you that room is mine.

MAHYAR: Why is that?

NAHID: Why is that?

NASRIN: Why is that?

NAHID: Because I said so.

MAHYAR: If that's how it works, then I say it's mine.

MAHYAR lifts a box of his to take to that room.

NAHID: It's mine because I put more money into renting this place. Do you get it?

MAHYAR leaves the box he's taken on the floor, walks towards the coat rack, and puts on his jacket.

NASRIN: Where are you going?

MAHYAR doesn't respond.

NAHID: Mom asked where you're going.

MAHYAR: The washroom.

MAHYAR goes to the washroom.

NASRIN: *(to NAHID)* You shouldn't have said that.

NAHID: You saw how he made me say it.

NASRIN: Would it be the end of the world if you give him that room?

NAHID: What do you mean? Why do you always take his word? It's all your fault, Mom. Whenever he gets angry, you take his side.

NASRIN: Why do you guys argue over everything?

MAHYAR enters.

MAHYAR: I won't be back tonight, Maamaan.

NASRIN: It's so cold outside. Don't go out.

NAHID: Where do you think you're going?

MAHYAR: Stop interfering with what I do. You have no right anymore to interfere with what I do. I'll go wherever I want, and I'll come back whenever I want.

NAHID: Get lost.

MAHYAR: *Get lost?*

NASRIN: *Get lost?*

NAHID: Get lost, you spoiled brat.

MAHYAR leaves the house.

Did he have money with him?

NASRIN: I don't know.

NAHID: We've always heard of women storming out in a huff. It's the other way round in this house.

NASRIN: You acted cruel, Nahid. Don't you have any shame?

NAHID: Why should it be me who has to concede? Why shouldn't it be him? I'm so irritable right now, Mom. I'm older than him! Did you see how he treated me?

NASRIN: I'm not happy with you, not happy with either of you. You constantly badmouth each other. You don't respect each other at all. Not a single day goes by that you two don't argue. Constant fighting, fighting, fighting.

NAHID: Mahyar needs authority. That's certainly not you. I need to treat him like that to keep him under control.

NASRIN: Your words bite, Nahid. Your problem is you don't know how to be civil when you talk.

NAHID: What good has talking civil done for you all these years?

NASRIN: Plenty. He respects me, but not you.

NAHID: He respects you? He would have told you where he was going if he respected you.

NASRIN: You heard him say he won't be back tonight. I didn't ask him, he told me himself. But he snapped at you the moment you asked him where he was going.

NAHID: You've spoiled him, Maamaan.

NASRIN: You don't know how to treat others. Your husband isn't here now to help us because you treated him the same way.

NAHID: Mahyar left because he was looking for an excuse to leave, because he's lazy and ungrateful. So is Babak. They're both tarred with the same brush.

NASRIN: Did you ever stop to think that you may also be at fault?

NAHID: Ei khodaa, Maamaan! I'm tired, I am not in the mood for this conversation. I'm in no mood.

NASRIN: You're just like your father. As if I didn't give birth to you, your father did. He used to say he was tired and not in the mood whenever he came up short, just like you.

The phone rings. NAHID picks it up.

NAHID: Alo.

Salaam Mahtab jan. How are you?

You're always first.

No not at all! It's still very messy.

No. Thanks.

No, no! We hired movers.

Where did you see him?

Why?

Are you sure it was Babak?

What did she look like?

Are you sure it was Babak?

I haven't heard from him for three days.

I'm leaving him.

I've had it, Mahtab. I won't let him get away with saying whatever he wants and then leaving. I poured out everything that's been on my chest, and I told him I don't ever want to see him again.

NASRIN: Do you have to tell everyone?

NAHID: *(continuing to talk on the phone)* I thought of giving him one more chance before the move, but he didn't show up. He didn't even call! No matter what I said, he should have come and helped us if he was an honest man. I'm exhausted. I did everything by myself. He should have been here.

Oh yes, I'm just waiting for him to call. I have my words ready.

No. I've made up my mind. We're separating. I can't live with someone who doesn't even understand me anymore.

I shouted go to hell and never come back when he was leaving this time. And I honestly wish he wouldn't from the bottom of my heart. Unless he comes with divorce papers.

You'll see.

Bye.

> NAHID *hangs up and continues to work. But it's obvious her mind is somewhere else.*

WOMAN'S VOICE: I don't like Nahid's phone conversation.

MAN'S VOICE: Why?

WOMAN'S VOICE: Do I need a reason? I just don't like it. That's all.

MAN'S VOICE: Why?

WOMAN'S VOICE: I'm being serious.

MAN'S VOICE: Why?

WOMAN'S VOICE: You know what, I won't read anymore.

MAN'S VOICE: Where were you when the first rocket hit?

WOMAN'S VOICE: My mom and I were doing some New Year's shopping.

MAN'S VOICE: The rocket explosions were much louder than the bombs. What did you think it was when you heard it?

WOMAN'S VOICE: My mom thought it was lightning, but I said they must have bombed somewhere. Because if you remember, there were a lot of bombings those days. I remember the explosion sounded so close. Yeah, we continued shopping as if nothing had happened. But when the second one hit, we thought it must be an aerial strike. Mom and I were on the bus. At the time, women and men hadn't been segregated in buses yet. I can still see the men's and women's faces. Everyone was worried that the war had spread to the cities again. But I was so happy because I was hoping schools would close.

NAHID: . . . You'll see.

Bye.

> *NAHID hangs up and continues to work. But it's obvious her mind is somewhere else.*

NASRIN: What's her business knowing about your personal life?

NAHID: She's the only one I can confide in.

NASRIN: She's not a good friend. She doesn't wish you well. It's killing her that your husband is still with you.

NAHID: She said she saw Babak with a woman in his car last night.

NASRIN: She's lying. She couldn't stop her husband from leaving her, that's why she can't stand others married.

NAHID: Why are you defending Babak?

NASRIN: A woman who can't keep her husband deserves to go through such pain.

NAHID: I have nothing to say to you, Maamaan. All you do is pour salt on the wound.

NASRIN: Reality bites. Coupleship is an art, khaanoom!

NAHID: Yeah, you had a PhD in that. Dad died of grief because of you.

NASRIN: How could you say such a thing? Your dad had a heart attack.

NAHID: Why did he have a heart attack? Why would a healthy man suddenly drop dead? You were the reason, Maamaan jan. Here's reality, take it. Bitter, right?

Sound of explosion.

NASRIN: Yaa khodaa! What was that sound?

NAHID: They must've bombed another place again.

The scene goes dark.

WOMAN'S VOICE: Where's the rest?

MAN'S VOICE: I haven't written it yet. How is it so far?

WOMAN'S VOICE: Not bad.

MAN'S VOICE: So, not good.

WOMAN'S VOICE: I didn't say that. I said it's not bad. They're different phrases.

MAN'S VOICE: Have you remembered anything else from that time?

WOMAN'S VOICE: The TV and radio didn't mention anything about the missile attacks on the first day, if you remember. My dad used to listen to international radio stations to get the latest news. Mitra was crying and asking to leave town. Our car was broken. Mom called a cab, and we went to Eram Park.* We were out there shivering until midnight. Dad said let's go back. Mitra said let's check in to a hotel. Dad said we'll go home. We had just got home when they hit another area. Dad put the news on the radio again. I took the device from him, put on a dance tape, and started dancing. Dad got up and hugged me, and we danced together. Mom and Mitra joined us a bit later. I have a very clear memory of Mitra's face, wet with tears and dancing. We danced a lot, and I was worried about the windows the whole time. I was scared they would break and get into our eyes and tear apart our bodies into pieces. I'm still terrified of windows. Still have nightmares that they've shattered, and the shards are flying towards me. Yeah . . . we danced a lot. And do you know where we ended up sleeping? Under the kitchen table. We had a stone table, and all four of us squeezed under it. I slept beside Dad. I was so happy to be sleeping beside him.

---

* Eram means paradise in Farsi.

Scene Two: War, War till Victory

*The stage is less crowded, but a few packed boxes are still visible.
NASRIN is making a call. NAHID is busy with the TV.*

NAHID: What's wrong with you?

NASRIN: Are you talking to me?

NAHID: To the TV. How many times did I tell Mahyar to watch the
movers when they're bringing the furniture up? Not sure what they've
hit it against that it doesn't show anything.

NASRIN: No one picks up at your uncle's house.

Sound of explosion.

Yaa khodaa!

NAHID: That one was so close.

WOMAN'S VOICE: The first day of attacks wasn't quite like that. People
thought it was the bombardment. We couldn't figure out why the
anti-ballistic devices don't fire back. No siren was heard either. Everyone
turned the lights off whenever they heard the sound of an explosion.

*The previous scene is viewed a second time from the writer's wife's
point of view. This time, the room is dark, and light is only coming
from the TV. NASRIN is making a call. NAHID is busy with the TV.*

NAHID: What's wrong with you?

NASRIN: Are you talking to me?

NAHID: To the TV. How many times did I tell Mahyar to watch the movers when they're bringing the furniture up? Not sure what they've hit it against that it doesn't show anything.

NASRIN: The TV light will show through the windows, Nahid. Didn't they say all lights must be turned off?

NAHID: I've turned the television towards the wall, Mom! Look first before commenting.

NASRIN: No one picks up at your uncle's house.

Sound of explosion.

Yaa khodaa!

NAHID: That one was so close.

NASRIN: Khodaayaa shokret!

The phone rings.

Alo . . . alo?

WOMAN'S VOICE: Thank God? What does that mean, "Thank God"?

MAN'S VOICE: My dad used to say "Thank God" each time a missile hit somewhere. I felt ashamed of what my dad was saying but glad deep inside that the missile didn't hit us.

WOMAN'S VOICE: But "Thank God" doesn't read that way.

MAN'S VOICE: Make a note beside the dialogue: "To be added."

WOMAN'S VOICE: Why are you writing about the winter of '88?

MAN'S VOICE: I survived. I had to write one day.

WOMAN'S VOICE: We were leaving Iran. The peace accord stopped us from leaving.

MAN'S VOICE: That feeling of shame for being happy to be alive hit me for the first time in my life in the winter of '88.

WOMAN'S VOICE: Right, you would feel happy that someone else got bombed.

MAN'S VOICE: I saw a bulldozer taking a few bodies out of the debris in the street on the second day of the missile attacks. I was paralyzed with fear. I was expecting a rocket to fall down on my head any second. One night I was taking a shower and I heard an explosion, I started crying. I was happy that I hadn't gotten into a situation where they find my body naked. I pictured myself, my body, covered in soap, holding a face cloth, under the debris.

WOMAN'S VOICE: I remember a place beside a women's public bath was hit, the women all ran to the streets naked. People were joking about it the next day saying: "War, war, till we have won. Saddam,˙ hit the same place again."

---

* Saddam Hussein was president of Iraq for more than two decades. In 2003, a coalition led by the United States invaded Iraq, and Saddam was captured. His trial occurred under the Iraqi Interim Government, and the court convicted him of crimes against humanity. He was executed on December 30, 2006.

MAN'S VOICE: Wasn't the facility hit?

WOMAN'S VOICE: No, they hit someplace right next to it.

MAN'S VOICE: I heard they hit the bathhouse itself and the bodies were left in there for two days. Nobody was willing to bring them out.

WOMAN'S VOICE: Why?

MAN'S VOICE: No women were among the rescue crew and obviously the men were not allowed.

WOMAN'S VOICE: This is what you want to write about? It's not funny.

MAN'S VOICE: You brought it up.

NASRIN: No one picks up at your uncle's house.

Sound of explosion.

Yaa khodaa!

NAHID: It was so close.

NASRIN: Khodaayaa shokret!

NAHID: Maamaan! Do you know how many people were killed just now? And you say "thank God"?

NASRIN: Vaay khodaa! You're right! Ei khodaa, please forgive me. Forgive me! Forgive me! Forgive me!

The phone rings.

Alo . . . Alo? . . . Alo? . . .

NAHID takes the phone.

NAHID: Alo? . . . Alo? . . .

NAHID hangs up.

I think it's Babak. He calls to make sure we're okay every time a bomb goes off. He calls to make sure we're alive. Areh, it's Babak. He's too proud to talk.

NASRIN: See! And you don't appreciate a man like that. It would be great if he was here with us.

NAHID: Don't use this against me, Maamaan!

NASRIN: I don't know what to tell you!

NAHID: Maamaan!

NASRIN: Stop maamaan-ing me! You made all the men of this house run away to the streets.

NAHID: You say another word and I'll walk out this door right now never to be found, so you'll all finally be rid of me.

NAHID inspects the boxes.

Where is the flashlight?

NASRIN: I don't know.

NAHID: I wouldn't be surprised if you know where it is and you aren't telling me just to make me crazy.

NAHID searches the boxes.

NASRIN: Mahyar jan! Call, for God's sake. Please call so I can find peace. May God protect you wherever you are.

NAHID: Hi? You're here!

NASRIN: Who's there?

NAHID: Aha! Why don't you say anything then?

NAHID finds the flashlight and turns it on.

NASRIN: Hold the light towards the floor Nahid!

NAHID: Now let's look and find the radio cassette player together.

NASRIN: That's your problem. Find it yourself.

NAHID: I was talking to the flashlight. I realize no good can come from you.

The phone rings.

Alo!

NAHID: Where the hell are you? Why didn't you call sooner?

NASRIN: Is it Mahyar?

NAHID: Did it occur to you we might be worried?

NASRIN: Give me the phone, Nahid. Give me . . .

NASRIN takes the phone.

Salaam azeezam! Khodaayaa shokret. Thank God a thousand times. Where are you, sweetheart?

Why didn't you call sooner? Come back home right now. I'm very scared.

Nahid! Mahyar is telling us to go to the streets.

NAHID: It's safer in here, Maamaan. Why would you listen to this kid's nonsense?

NASRIN: It's safer in here than in the streets, Mahyar jan.

I'll just be thinking about you if you don't come back right now.

What nonsense are you talking about? Come back home! Please.

NAHID: What do you mean, "please," Maamaan?

NAHID grabs the phone.

Don't you have any shame?! You're the so-called "man" of this house. You need to be here right now, you idiot!

NASRIN: Give me the phone.

NASRIN grabs the phone.

Sweetheart, come back right now. I'm very scared.

It's so cold outside. I won't feel all right.

Promise. Promise me.

You need to call me whenever they bomb somewhere for as long as you're not back.

Okay! Okay! Khodaa haafez.

NASRIN hangs up the phone. The phone rings immediately after.

Alo?

NASRIN: Salaam, daadaash jan. I called a few minutes ago, you didn't pick up.

Areh, daadaash jan. Where are you now?

NAHID: Ask him where they have bombed, Maamaan.

NASRIN: Nahid! Your uncle and his family have left the city. He's asking that we join them too.

NAHID: No, Maamaan. I can't bring myself to step my foot out the door.

NASRIN: We can't come, daadaash jan. Mahyar and Babak are not back yet. We haven't even unpacked. We are sitting here in the dark.

NAHID: Mom, ask him if he knows where they've bombed.

NASRIN: May you be safe wherever you are.

NAHID: *(loudly so Uncle hears)* Uncle! Where have they bombed?

NASRIN: May all war-makers be wiped from the face of the earth.

Basheh, daadaash jan.

I love you, daadaash jan. May God be with you.

    NASRIN hangs up the phone.

Bistopanj Shahrivar Square has been bombed. We don't know anyone in that area, do we, Nahid?

NAHID: No.

NASRIN: Khodaayaa shokret.

NAHID: You said it again, Mom!

NASRIN: Oh! I'm sorry. I'm sorry.

NAHID: Which box is the radio cassette player in?

NASRIN: I don't know.

NAHID: Maamaan jan! Nasrin khaanoom! You packed it yourself. How could you not know?

NASRIN: Uuuuf! I don't know! Why do you nag so much?

NAHID is still searching the boxes for the radio cassette player.

WOMAN'S VOICE: What if Nahid is pregnant? I remember my aunt was pregnant at the time. Terrified of the missile attacks, they rented a house out of town. My cousin Omid was born in March of '88, when my aunt was only in the seventh month of her pregnancy. She was supposed to give birth around early May, but missile attacks were so frightening that she had a preterm delivery in mid-March. A few months later, when the war ended, my aunt noticed the baby would wake up whenever he heard a loud noise, the door slam, whatever, he lifted his tiny hand and then slowly lowered it when he fell asleep again.

NAHID finds their photo albums in one of the boxes. She forgets she was looking for the radio cassette player and gets preoccupied looking at a photo album. The flashlight starts flickering.

NAHID: Vaay . . . Look at this . . . look at this one! . . . Look at this! . . .

NASRIN: What is it, Nahid?

NAHID: I'm talking to the flashlight.

NASRIN: Nahid! Could you stop goofing around? Why do you keep talking to everything?

NAHID: Looking at these photos, I'm starting to realize what I've been through. I've lost fifteen pounds just in the past couple of months. See . . . I used to have cheeks.

NASRIN: That's because you keep stressing and boiling over. Because you're so grumpy and entitled.

NAHID: I didn't say that so you would start on me again, Maamaan.

NASRIN: You haven't seen a bad husband yet. Look at other men, then you'll realize what a good man Babak is.

NAHID: Yeah, what an ideal man he is. He's left us all alone here. What a noble man! Wow! Wow! Wow! . . . Such manhood!

NASRIN: It's your own fault he left. You don't know how to talk to others properly. What would have happened just now if you'd talked to your brother with a nicer tone?

NAHID: Stop it, Maamaan. I'm not in the mood.

NASRIN: You complain so much that you leave Babak no choice but to get back at you. If you can't manage your husband, that's your own fault.

NAHID: *(choking)* Ah! Here we go again. I'm fed up with you all.

NAHID throws the album.

NASRIN: Vaa! If I say something, it's because I want the best for you.

NAHID: You would have slapped me in the face and told me I shouldn't get married so soon if you wanted the best for me.

NASRIN: You didn't get married that soon. Don't be so ungrateful. Your husband is a good man. Men are all like children. A good wife knows how to train her husband.

NAHID: His mother should have trained him. I wouldn't have spoiled him so much if it were up to me.

NASRIN: Ei khodaa, khodaa, khodaa! Please, please, grant her a son so I can see how the hell she manages to bring him up.

NAHID: If I have a son, I'll raise him in a way that doesn't have his wife resenting me.

NASRIN: Then put in some effort and train your husband however you like instead of resenting your mother-in-law. Men are trained twice. Once by their moms and once by their wives.

NAHID: But I was looking for a perfect man, no need to be trained by me.

NASRIN: Come check my blood pressure!

NAHID: Where am I supposed to find the blood pressure machine in this chaos?

NASRIN: I have it here with me.

> *NAHID takes her mother's blood pressure while the WOMAN'S VOICE speaks.*

WOMAN'S VOICE: I remember my mom used to say we should go to the bathroom immediately when we are scared because the kidneys must function. She forced us all to go to the bathroom. Dad would say, "I don't want to go!" (*laughs*) Mom pushed him to the bathroom and said, "Try your best, you can do it."

NASRIN: What is it?

NAHID looks, using the flashlight. The flashlight flickers.

NAHID: 130 over 80. There you go! Now keep nagging! Keep nagging! Nag till your blood pressure goes higher!

NASRIN: Am I the one nagging? Who's been barking since we set foot in this place?

NAHID: I don't mean any of the things I say, Mom! I regret it as soon as I shout. It's just that the men in our house are too spoiled, Maamaan jan!

NASRIN: Oh, my sweet girl! Come here, azeezam. Come here.

NASRIN hugs NAHID.

NAHID: Maamaan, what if the flashlight runs out of battery?

NASRIN: Let it run out.

NAHID: I don't want it to run out.

NASRIN: We've got candles. I'll go and find them right now.

NAHID: No, don't go. Please stay here and hold me tight, Maamaan.

NASRIN: See!? There's my baby. There's my baby. Be this way with Babak, like you were when you were a kid. If you regret what you've done, be open and honest about it.

NAHID: He'll get cocky, Maamaan. He'll be more spoiled than he already is.

NASRIN: Why don't you understand what I'm saying? Men are children. Even at sixty, they're still children. They're fragile. Don't take their huff and puff so seriously. It's so easy to tame them. You just need to find the trick, azeezam.

NAHID: Then why didn't you, Maamaan?

NASRIN: Stop the nonsense. I did very well. It's not a nice joke, Nahid, if you're trying to be funny.

NAHID: It's not a joke.

NASRIN: It's not a nice joke at all. Your dad and I never had any serious problems.

NAHID: Would you tell the truth if I ask you something, Maamaan?

NASRIN: Of course, I would.

NAHID: Do you love me at all?

NASRIN: Vaa! What kind of talk is that? Of course, I love you. You're my daughter. Why would you say that, Nahid jan?

NAHID: The other night, just before waking up, I suddenly felt paralyzed and I had this nightmare that you are coming to chop my head off with the kitchen knife.

NASRIN: Vaaa!

NAHID: And I knew that I was dreaming, but I couldn't wake up. I tried to wake up Babak, but he wouldn't wake up either. You came to me and I started screaming the moment you put the knife on my throat. I screamed and screamed until I woke myself up, but then I realized I hadn't screamed at all.

NASRIN: Azeezam! My sweet girl!

NAHID: What was that sound?

NASRIN: I didn't hear any sound.

NAHID: There's a sound.

NASRIN: You want to scare me, don't you?

NAHID: I hear a sound, Mom. I'm scared.

NASRIN: I don't hear any sound.

NAHID: We better turn on the light.

NASRIN: No. It's dangerous.

NAHID: *(fearful)* Where are you going?

NASRIN: Washroom.

NAHID: No, don't go.

NASRIN: Come on! I need to go to the washroom, Nahid.

NAHID: I'll come with you then.

NASRIN: No Nahid!

NAHID: I'm scared, Maamaan!

Sound of explosion.

NASRIN: Yaa khodaa! Please protect us.

WOMAN'S VOICE: They attacked only two or three times the first day.

MAN'S VOICE: I know.

WOMAN'S VOICE: Why have you written "sound of explosion" many times then?

MAN'S VOICE: Reality is not important to me.

WOMAN'S VOICE: I think it would be better if you write it based on reality.

MAN'S VOICE: Thank you for your dramaturgy.

The phone rings.

NAHID: Alo? . . . Alo? . . . Alo, Babak, is it you? Yeah, it's you. Why won't you say anything then? What good is it to hold the phone if you don't talk?

NASRIN: Mahyar wants to call. Hang up the phone, Nahid!

NAHID: I'm hanging up, Babak, I'm hanging up.

I'm hanging up, Babak. Don't you want to say anything?

NASRIN: Hang up the phone, for God's sake!

NAHID: Babak, I'm hanging up.

> *NAHID hangs up the phone. There is a knock on the door.*

Yes?

> *NAHID doesn't hear a reply.*

Mahyar, is it you? . . . Mahyar?

NASRIN: Why don't you open the door, Nahid?

NAHID: Maamaan! I need to know who it is before opening the door.

> *The knocking continues.*

Mahyar, is that you?

NASRIN: Mahyar, is it you, azeezam? Mahyar jan?

> *Another knock.*

NAHID: Whoever you are, I won't open the door if you don't answer.

Scene Three: Cowslip Tea

NAHID is lighting a few candles and putting them in different places around the house. She then covers the windows so the light doesn't reflect outside.

NASRIN: Allaa'humma Salle Ala Mohammad Vaa aale Mohammad.*
Allaa'humma Salle Ala Mohammad Vaa aale Mohammad.
Allaa'humma Salle Ala Mohammad Vaa aale Mohammad.
Allaa'humma Salle Ala Mohammad Vaa aale Mohammad.
Allaa'humma Salle Ala Mohammad Mahyar didn't call yet?

NAHID: He must have run out of coins.

NASRIN: He had coins. He said himself he would call.

NAHID: Maybe he's by the phone booth waiting in line.

WOMAN'S VOICE: Who was knocking?

MAN'S VOICE: Yeah, who was it?

WOMAN'S VOICE: Who was it?

MAN'S VOICE: Who was it?

WOMAN'S VOICE: Very funny.

NASRIN: Allaa'humma Salle Ala Mohammad Vaa aale Mohammad.
Allaa'humma Salle Ala Mohammad Vaa aale Mohammad.

---

* A verse from the Quran, which Muslims recite as a prayer:
اللهم صل علی محمد و آل محمد

Allaa'humma Salle Ala Mohammad Vaa aale Mohammad.
Allaa'humma Salle Ala Mohammad Vaa aale Mohammad.
Allaa'humma Salle Ala Mohammad Vaa aale Mohammad.

The phone rings. NASRIN picks up the phone.

Alo? . . . Alo?

NAHID grabs the phone.

NAHID: Alo? . . . Alo? . . . Babak, is it you? Alo? . . . Alo? Answer, Babak. We're waiting for Mahyar to call. If you want to talk, say something, or I'll have to hang up. Alo . . . Alo . . .

She hangs up.

NASRIN: Ei khodaa. My son hasn't called. Ei khodaa. Our lives are in your hands, ei khodaa, I leave my son to you to protect, please keep him safe wherever he is. Allaa'humma Salle Ala Mohammad Vaa aale Mohammad. Allaa'humma Salle Ala Mohammad Vaa aale Mohammad . . .

Sound of two consecutive explosions. A woman screams from the neighbour's apartment.

Allaa'humma Salle Ala Mohammad Vaa aale Mohammad.
Allaa'humma Salle Ala Mohammad Vaa aale Mohammad.

NAHID: Maamaan, get up. Maamaan, let's go downstairs to the heater room.

NASRIN: I'm not going.

NAHID: What do you mean?

NASRIN: I'll wait here for Mahyar to call.

NAHID: Can't you hear what's happening, Maamaan? Get up.

NASRIN: I said I'm not going.

NAHID: I'll have to go by myself then.

NASRIN: Go then. I'm not stopping you.

NAHID: Maamaan, what's going on with you?

NASRIN: What? Am I making you upset too? Put me in the streets with the others so you'll feel better. You threw the other two out. Would it make you feel better to throw me out too?

Someone knocks on the door.

NAHID: Yes? . . .

The knocking continues.

Who is it? Why won't you answer?

A note slips in from under the door. NAHID is scared. She takes the note from the floor.

NASRIN: What is it, Nahid?

NAHID: It's a note.

NAHID reads the note.

No, we don't have it.

NASRIN: What don't we have?

NAHID: It's the neighbour. They want cowslip tea.

NASRIN: We don't. We don't have cowslip tea.

Silence. NASRIN goes and gets a blanket and sits down in front of the phone, wrapping herself with the blanket.

I'm cold, Nahid. Can't you go downstairs and turn on the heater?

NASRIN starts to pray (Allaa'humma Salle Ala Mohammad Vaa aale Mohammad) aloud while Nahid talks.

NAHID: Do you have the guts to set foot outside of this door, Maamaan? Besides, you think I know which pipe belongs to the heater? Has anyone showed me how to handle these things? But after this, I'll learn at the first opportunity, so I know what to do if the gentlemen bow out again.

NASRIN: You just need to learn how to speak politely. Allaa'humma Salle Ala Mohammad Vaa aale Mohammad.

The phone rings in the middle of NASRIN's ongoing prayers.

NAHID: Alo . . . Babak? Would you please say something. I know it's you.

NASRIN: Hang up, Nahid.

NAHID: I'm sorry. Forgive me. Come here. We're alone, we need you Babak. Answer. Alo? I apologize. Babak, is it you? Hello?

NASRIN: Hang up, Nahid. Mahyar wants to call.

NAHID: Didn't you want me to apologize to you? Khob, I said I apologize. I'm very scared, Babak. Come back. We're all alone here. Come here, please. It's just me and Maamaan here. Mahyar has gone out. We're scared, Babak. Come as soon as possible. I love you, Babak.

> *Pause.*

I said I'm sorry. Why won't you talk? I'll hang up so you can head over here right away. Please.

> *She hangs up.*

I'm sure it's Babak. I'm sure.

> *The phone rings again. NASRIN is saying her prayers and won't stop until she makes sure she knows who has called.*

Alo!

Where the hell are you? What is wrong with you?

Come home immediately. Maamaan is crying, is that what you want?

> *NASRIN snatches the phone.*

NASRIN: Alo, Mahyar jan!

You called so late. I'll be scared to death if you don't come back home right this minute.

Nahid! He says let's go to a shelter. Well, he's right, Nahid.

NAHID: *(loudly so MAHYAR hears)* I won't move an inch. And if you care about Mom, you'll come back home right now.

NASRIN: Alo, don't you want to come back?

I can't come there. It's so cold outside. You must come here so we are all together.

Walk back then if you can't find a ride. I'm freezing. You need to be here and go downstairs and turn the heater on.

I'm not happy with you. I'm not happy with either of you. Seeing how you treat me now, I can already tell how you'll treat me when I get older. I won't curse you, I'll just pray that one day your children treat you the same way so that you'll learn what you put me through.

NASRIN hangs up angrily.

NAHID: He's not coming back?

NASRIN: No. It's all your fault.

NAHID: Maamaan!

The sound of the buzzer. NASRIN answers the intercom.

NASRIN: Hello? . . . Come in . . . It's Babak.

NAHID: See? I knew it was him calling every time.

> *NAHID rushes to the washroom. NASRIN wants to open the unit's door.*

No, no. I'll get the door myself.

NASRIN: All right!

NAHID: Leave us alone in a few minutes. Find an excuse and go to the room. I want to talk to him alone.

> *The scene goes dark.*

WOMAN'S VOICE: If you leave one day, I would never apologize to you. No matter how guilty I was, I would not apologize.

MAN'S VOICE: You would.

WOMAN'S VOICE: Nope.

MAN'S VOICE: If you were in their shoes, you would apologize.

WOMAN'S VOICE: Impossible.

MAN'S VOICE: Cut the crap.

WOMAN'S VOICE: Try me.

MAN'S VOICE: How? There's no missile attack going on.

WOMAN'S VOICE: No, I would never apologize!

MAN'S VOICE: You would.

Scene Four: Do We Have Tape?

A bit later.

There is another knock on the door. NAHID *comes out of the bathroom styled and groomed, goes to the door, and opens it.* BABAK *enters carrying plastic shopping bags, bread, fruit, etc.*

NAHID: Salaam.

BABAK: Salaam. Salaam, Maamaan.

NASRIN: Salaam.

BABAK: Where's the light?

NAHID: Here.

NASRIN: Why?

BABAK turns the light on.

Vaa!

BABAK: It's no use anymore. They attack right from Iraq's soil.

NASRIN: From Iraq itself?

BABAK: Yeah, from Iraq itself.

NASRIN: May all war-makers be wiped from the face of the earth.

NAHID: How do you know?

BABAK hands NAHID a newspaper.

BABAK: It says here we attacked Iraq with two rockets yesterday. Well, now it's their turn.

NASRIN: May all war-makers be wiped from the face of the earth.

NAHID blows out the candles one by one.

NAHID: Yeah, now that you've cursed them, they'll definitely be wiped off.

BABAK goes towards the TV.

BABAK: Where's Mahyar?

NAHID: He's gone out.

BABAK: This is no time to go out.

NAHID: *He's gone anyway.*

BABAK: This is no time to go out.

NAHID: He got upset.

BABAK: I'm sure you had nothing to do with it.

BABAK turns the TV on.

NAHID: As far as I've been told, it's the women who sulk and march out in protest. In our house, it's the men.

BABAK: You mean me when you say men, right?

NASRIN: That's enough, my children.

NAHID: *(avoids blowing one candle out)* You can stay.

BABAK: Are you talking to me?

NAHID: No, to the candle.

> *BABAK is still busy with the TV, but it doesn't work.*

The TV has stopped working since the move. How many times did I tell Mahyar to watch the movers?

NASRIN: Uuuuf! You nag a lot, Nahid!

NAHID: *(to BABAK)* Do you want to tell me something?

BABAK: *Don't sit there.*

NASRIN: A lot, Nahid!

NAHID: *(to BABAK)* Do you want to tell me something?

BABAK: Where's the radio cassette player?

NAHID: Where is it, Maamaan?

NASRIN: I swear to God and everything else, I don't know, Nahid!

NAHID: Where have they hit?

BABAK: I don't know.

NASRIN: One was at Bistopanj Shahrivar Square. My brother told me.

NAHID: You did the right thing to come back. I would have never spoken to you again if you didn't. Never.

BABAK: Could you not sit so close to the window? An explosion could shatter it and the glass will get into your eyes.

NAHID: Really?

BABAK: Yes, really.

NAHID: Why do you care? Do you love me?

WOMAN'S VOICE: Why are you writing my words? Do I say really good things?

MAN'S VOICE: Yeah.

WOMAN'S VOICE: *(joyfully)* Really?

MAN'S VOICE: Really.

WOMAN'S VOICE: Do you want me to add a line for Nahid?

MAN'S VOICE: Yes.

NAHID: Really?

BABAK: Yes, really.

NAHID: Why do you care? Am I important to you? Is it because you love me? It was very nice of you to come back home.

NASRIN: I'll go get some rest, Nahid. I have to rest a bit.

BABAK: Do we have tape?

NAHID: Like bandage tape?

BABAK: No, like duct tape?

NAHID: What do you need duct tape for?

BABAK: To put on the windows so they don't shatter. Where I was calling from, a bomb had just hit nearby and the phone booth glass was completely smashed. I was lucky I wasn't in there when it hit.

NASRIN: God saved you.

BABAK: I got lucky.

NASRIN: *God saved you.*

BABAK: *I got lucky.*

NASRIN: God saved you big time.

BABAK: *I got lucky big time.*

NASRIN: God really saved you big time.

BABAK: Do we have tape?

NAHID: We do, but it'll be hard to find in this mess.

NASRIN: I know which box it's in. Here.

NAHID: Babak, it would be better if you get the heater working first.

NASRIN: Nahid?

NAHID: Yes, Maamaan jan?

BABAK exits.

NASRIN: You'll wake me up if Mahyar calls, okay?

NAHID: Areh, Maamaan.

BABAK returns.

BABAK: Give me the key to the heater room.

NASRIN gives the key to BABAK. BABAK exits.

NASRIN: *(from the bedroom door)* Nahid, do I have to stay in here for a long time?

Stage goes dark.

WOMAN'S VOICE: My dad remembers so many things from those days.

MAN'S VOICE: Like what?

WOMAN'S VOICE: He insists that we go over there for him to tell us. He won't say it over the phone.

MAN'S VOICE: Why not?

WOMAN'S VOICE: He says the phone bill will go through the roof.

MAN'S VOICE: Why don't you make the call?

WOMAN'S VOICE: I said I'll call myself, but he says he doesn't want our phone bill to go through the roof either. You know my dad. He doesn't want to make the telephone companies happy. He didn't say a word despite my pressure. I think he's concerned the lines are tapped. He wants us to go over there so we don't get charged, and so that we'll visit him.

MAN'S VOICE: Go then.

WOMAN'S VOICE: Alone?

MAN'S VOICE: I'm busy with the script.

WOMAN'S VOICE: He's got so much to tell. For instance, did you know a group of undercover militias on motorbikes went wherever a bomb was dropped? Their mission was to keep an eye on morale, to silence anyone crazy enough to badmouth the regime, and to stop people from gathering together in protest.

Scene Five:
A Woman Was Crying on the Curb

NAHID speaks as she holds the phone and is checking if it's connected.

NAHID: *Who was that woman in your car yesterday? Who was that woman?* Mahyar didn't call . . . Why are you quiet?

BABAK: What is it that you want me to say?

NAHID: Say anything.

BABAK: I'm hungry.

NAHID: Thanks for saying something.

BABAK: No problem.

NAHID: You think nothing has changed, Babak? You're acting so normal. You mean you really don't have anything to say? You just came back from outside. Well, what was going on there? Were the streets busy? Quiet? *Who was that woman?* You can say tons. Just don't sit silent like that. *Who was that woman in your car yesterday?*

BABAK: The streets were quiet.

NAHID: Khob?

BABAK: Give my mother a call first.

NAHID: Let's do that after Mahyar calls so mom doesn't get worried.

Would that be okay?

BABAK: Yes.

NAHID: Khob, talk. Continue.

BABAK: Well, the streets were almost quiet . . . a woman was crying on the curb.

NAHID: Why was she crying?

BABAK: Really? Well, she was scared.

NAHID: And then?

BABAK: And then I gave her a ride.

NAHID: You gave her a ride!

BABAK: I gave her a ride.

NAHID: See! You wouldn't bring it up at all if I didn't make you. Okay, you gave her a ride. Go on.

BABAK: Go on?

NAHID: Go on.

BABAK: I dropped her off at her house.

NAHID: You dropped her off at her house?

BABAK: I dropped her off at her house.

NAHID: And she was crying the whole time?

BABAK: Yes.

NAHID: How old was she?

BABAK: *How old was she?*

NAHID: How old was she?

BABAK: I don't know.

NAHID: Take a guess.

BABAK: A guess?

NAHID: Was she pretty?

BABAK: Yeah, she was pretty.

NAHID: Khob, go on.

BABAK: Go on?

NAHID: Go on.

BABAK: There's nothing to go on about.

NAHID: Nothing to go on about?

BABAK: Nothing to go on about. I dropped her off at her house.

NAHID: That's it?

BABAK: That's it.

NAHID: Was she sitting at the front?

BABAK: In the back. Next question.

NAHID: Mahtab saw you on Sanaie Street yesterday. She said a woman was sitting beside you.

BABAK: Khob?

NAHID: Khob?

BABAK: Bahar was with me.

NAHID: Bahar was with you?

BABAK: Bahar was with me.

NAHID: But the way Mahtab described that woman didn't sound like Bahar at all.

BABAK: You dragged me here so we could fight?

NAHID: We're not fighting. I just want to know who that woman was. Maybe she was also crying on the curb, and you felt bad and dropped her off at her house too?

BABAK: Look, you're just trying to pick a fight—

NAHID: What?! I just want . . .

BABAK: You don't even let me finish my thought! I have not . . .

NAHID: Okay, what do you have to say?

BABAK: I just told you, I gave someone a ride who was crying, but you—

NAHID: Tell that to someone who doesn't know you. You deliberately—

BABAK: I'm not finished yet. I can't hear what you're saying, because I'm not done yet—

NAHID: You deliberately told me the story of that woman to make me jealous.

BABAK: It's impossible to talk to you. I can't have one easy conversation with you. I have to weigh every word before opening my mouth because I never know how you'll react. I can never just speak freely and frankly cuz— See, you're giving me that look. Moving your head like that while I'm talking—

NAHID: I'm not giving you a look. You're out of your mind.

BABAK: But you were moving your head.

NAHID: What?! I'm not allowed to move my head?

BABAK: Look, I didn't come here to get into a fight.

NAHID: But we're not fighting right now.

BABAK: We're not fighting?

NAHID: We're not fighting.

BABAK: Look, if I'm upsetting you, I can leave.

NAHID: What do you mean leave!? But I apologized to you.

BABAK: You apologized so I would turn the heater on, right?

NAHID: You're such an asshole, Babak.

Sound of explosion.

BABAK takes a sip from his pocket flask. The lights go out.

WOMAN'S VOICE: Who would have dared carry a pocket flask in those days, with the Islamic Revolution Committee? My dad used to put his liquor in a baby bottle. I remember we went to Anzali Port* during the New Year's holidays, my dad went out and came back with a clear plastic bag an hour later. There was a goldfish in the bag that I thought had died. But it wasn't a real goldfish, it was made of plastic. Liquor dealers would put alcohol in clear plastic bags with a little plastic goldfish to get past the police.

The lights come back up. BABAK is holding a baby bottle in his hands. He drinks.

---

* Anzali Port or Bandar Anzali in Farsi (bandar means port) is a harbour city on the Caspian Sea. It is close to Rasht in Gilan Province, Iran.

NASRIN enters hastily.

NASRIN: Why don't you pick up the phone?

NASRIN picks up the phone.

Alo? Alo?

NAHID: Maamaan, the phone didn't ring.

NASRIN: I heard it ring myself.

NAHID: Why do you look so pale, Maamaan?

NASRIN: The phone rang. I heard it myself. Didn't it, Babak jan?

BABAK: No.

NASRIN: Really!

NAHID puts her hand on her mother's forehead.

NAHID: You have a fever, Maamaan. We should take you to the doctor.

NASRIN: My stomach is in knots. Why hasn't Mahyar called? My baby hasn't called.

NAHID: He'll call. He should call any moment now.

NASRIN: You spoke to him badly. I spoke to him in a bad way myself.

NAHID: Maamaan is not okay at all. We should take her to the doctor.

BABAK: *She's scared.*

NAHID: . . . her to the doctor.

NASRIN: I won't move. I won't move before Mahyar is back.

BABAK: *She's scared.*

NASRIN: . . . before Mahyar is back.

NAHID: Don't act like a child, Maamaan. You have a fever.

NASRIN: I am putting my foot down. I will not move.

BABAK: I'll go and buy her medication then.

NAHID: We have her medication, but I want to take her to the doctor.

NASRIN: I won't go anywhere. I'll stay right here until Mahyar is back. You go. I'll stay. I won't move.

BABAK: Go get her meds then.

NAHID brings the medication and a glass of water.

WOMAN'S VOICE: If you remember, the missile attacks stopped for a while. We came back from the North and then they resumed a few days later. Mom gave us sleeping pills so the sound of missile attacks wouldn't wake us up. My dad disagreed. Mom would say she wanted her kids to have a peaceful sleep. She even convinced Dad to take them. We went back to the North the day after.

NASRIN: Vaay khodaayaa. A few nights ago, I had a nightmare about your father, God rest his soul. Now I remember. I dreamed Mahyar and I were going to our old house, and we saw your father. He smiled at me. I covered my face with my chador and passed him by, but Mahyar shook his hand, and they left together . . . Nahid!

NAHID: You need to rest, Maamaan. I'll wake you up whenever Mahyar calls.

NAHID takes NASRIN to the other room. BABAK picks up the phone and dials a number.

BABAK: Hi.

I ran out of coins. Are Mom and Dad okay?

What, aren't you used to this circus yet?

Take a couple of sleeping pills and sleep tight.

Don't worry, you won't die before you put us all in our graves.

Take a few pills and sleep.

NAHID enters.

Give the phone to Mom, Nahid wants to talk to her. Hi Mom! Hold on.

BABAK holds the phone out to NAHID.

The stage goes dark.

WOMAN'S VOICE: Did you know around two hundred thousand people were killed in that war?

MAN'S VOICE: More than that.

WOMAN'S VOICE: I just googled it. See. Around two hundred thousand people.

MAN'S VOICE: This report only counts the Iranians who were killed. The war's death toll, for both Iranians and Iraqis, is around four hundred and fifty thousand. And this is the official number which is probably a lie! Based on a report published by the *Guardian*, around one million Iranians and five hundred thousand Iraqis were killed. This is more believable. Just think about it. More than one million were killed in vain, and only because of the idiotic politics of two governments.

WOMAN'S VOICE: Why is your play set in Tehran?

MAN'S VOICE: Where should it be?

WOMAN'S VOICE: Dezful.* Listen to this. But I'm not sure how accurate the information is.

MAN'S VOICE: It doesn't matter.

WOMAN'S VOICE: Should I not read?

MAN'S VOICE: No, I mean it doesn't matter all that much if it's inaccurate. Go on.

---

*   Dezful is the capital city of Dezful County, Khuzestan Province, Iran.

WOMAN'S VOICE: The people of Dezful were under Iraqi missile attacks for 2,291 days. The strong city of Dezful was wounded by 176 rockets in 6, 9, and 12 metres and 2,500 artillery bullets and 300 bombs, ruining its 19,000 residential and commercial units. Isn't it better now if your play is set in Dezful?

MAN'S VOICE: No.

WOMAN'S VOICE: The missile attacks in Tehran only lasted fifty days. From February 29th to April 19th. Do you even know how many people were killed in Tehran's attacks?

MAN'S VOICE: About four hundred.

WOMAN'S VOICE: It says here at least 442.

MAN'S VOICE: Right, right.

WOMAN'S VOICE: It's a small number.

MAN'S VOICE: Four hundred people is a small number?

WOMAN'S VOICE: I thought it would be more. Yes, it's very few considering Tehran's population.

MAN'S VOICE: If Tehran wasn't constantly attacked, there would never have been peace, no matter how many times they attacked Dezful. The war ended because of Tehran's attacks.

WOMAN'S VOICE: Did you know that the Mother statue in Mirdamad Square relates to the missile attacks?

MAN'S VOICE: No.

WOMAN'S VOICE: Have you seen that the statue is carrying a child in her belly?

MAN'S VOICE: Yes.

WOMAN'S VOICE: It relates to a pregnant woman who was killed in Mohseni Square during the Tehran attacks in 1988, a woman called Tahereh Hadadnejad, born in 1959 in Anzali Port, who was seven months pregnant.

Scene Six: 9:25

BABAK and NAHID are turning the pages of the books they've taken out from the box. They choose some of the books and put them on the floor, while putting others in the box.

BABAK: *It would be so cruel if we die today and the war ends tomorrow.*

NAHID: Do you want to tell me something?

BABAK: No.

NAHID: Talk Babak. This might be the last conversation between us.

BABAK: *It would be so cruel if we die today and the war ends tomorrow.*

NAHID: . . . conversation between us.

BABAK: I have nothing to say.

NAHID: What day is it?

BABAK: The tenth.

NAHID: Wow, Noruz is in twenty days.

BABAK: Nineteen days.

NAHID: What?

BABAK: Noruz is in nineteen days.

WOMAN'S VOICE: Think of something for Babak. He's too weird.

BABAK picks up a box and goes towards the door.

NAHID: Where are you going?

BABAK: To put this in storage.

NAHID: No. I don't want you to go anywhere right now.

BABAK goes towards the door.

I want you to be right here. Let's arrange this room.

BABAK puts the box by the door.

What time is it?

BABAK: 9:25.

They're both busy with arranging things. NAHID wants to open a jar but she can't.

NAHID: I'll show you.

She tries again but she still can't open the lid.

Open this jar. I don't have the strength to do it.

BABAK: Right, you only have strength for me.

NAHID: I wish.

BABAK: Where do I put these?

NAHID: Put them in our bedroom. I'll sort them out later myself . . . thanks.

BABAK goes to the bedroom. A bit later, Iranian pop music starts to play from the room.

BABAK enters holding a radio cassette player.

BABAK: This was beside Mahyar's stuff.

BABAK takes a sip from the baby bottle. NAHID gets close to BABAK and turns the volume down.

NAHID: Would you laugh at me if I ask you something?

BABAK: No.

NAHID: Tell me something nice.

BABAK: The war will come to an end soon.

BABAK smiles. He turns the volume up a bit.

NAHID: In one of the boxes, before you came, I found the letters you wrote me before we got married. I couldn't believe at all that you wrote those. *(turning the volume down)* You used to write me so many nice things, and I have forgotten. Especially the letters you wrote me during your military service. I bet you won't even believe you wrote them. You wrote that you burst into tears when we said goodbye, and I got far from you. You used to know how to cry and say nice things those days.

MAN'S VOICE: Why are you laughing?

WOMAN'S VOICE: I'm happy to see that you were listening to me talk the other day. Thank you! I thought you were just looking at me, mind wandering as usual.

MAN'S VOICE: As usual?

WOMAN'S VOICE: Most of the time, you're not paying any attention to me when I'm talking.

NAHID: . . . into tears when we said goodbye, and I got far from you. You used to know how to cry and say nice things those days. You've changed a lot, Babak. Don't get offended, but lately, for example, you never thank me for what I do. You used to say thank you when I ironed your shirts, now you don't say anything. As if it's my duty to iron them. You could say thank you like you did in the beginning. It's a nice phrase. You used to know it.

BABAK: Thank you.

NAHID: What for?

BABAK: For all those times that I didn't say it.

NAHID: Are you making fun of me?

BABAK: Didn't you want me to say nice things from now on?

NAHID: Your tone sounds like you're ridiculing me.

BABAK: *(sharply)* Didn't you tell me to say nice things to you?

Sound of explosion. A woman screams from the neighbour's apartment, and then the sound of a harmonica comes from the same place.

BABAK approaches NAHID. They hug.

NAHID: Worse than death, is to survive under the debris and live broken for the rest of your life. Aren't you scared?

BABAK: No.

NAHID: You're really saying you're not scared at all?

BABAK: No.

WOMAN'S VOICE: Weren't you scared?

MAN'S VOICE: I was very scared, but I was embarrassed to let anyone know.

WOMAN'S VOICE: Why?

MAN'S VOICE: I told myself fear wouldn't help me in any way. I had accepted that I would die. I told myself everyone dies one day. If I am meant to die, I will, no matter where I am. But then I thought, what way of dying is this? Dying so abruptly! I whispered to myself, "I haven't lived yet, not the way I want to." I thought nothing will change if I die. My absence in this world wouldn't be felt at all. As if I'd never existed. I felt my life was insignificant, and I was very angry with myself for that.

WOMAN'S VOICE: You still control your fear. But I show mine. My heart races faster when I try to hide it. You're not doing the right thing. Why don't you try to act like a normal human being?

MAN'S VOICE: Will you read the rest of it?

WOMAN'S VOICE: As if you're trying to control your sneeze, your cough.

MAN'S VOICE: Won't you read the rest of it?

WOMAN'S VOICE: Promise not to control your fear anymore.

MAN'S VOICE: Won't you read?

WOMAN'S VOICE: Promise.

MAN'S VOICE: I promise.

NAHID: . . . rest of your life. Aren't you scared? Aren't you scared?

BABAK: No.

NAHID: You're really saying you're not scared at all?

BABAK: No.

BABAK picks up the phone and dials a number.

Hey, how are you?

Were you asleep?

You didn't take the sleeping pill?

We can't come. Mahyar is not back yet.

I'll call you as soon as we hear a strike.

I can't talk anymore. We're waiting for Mahyar to call.

Goodbye.

BABAK hangs up the phone.

NAHID: I'm so worried for Mahyar. I'm afraid something, God forbid, might have happened to him.

BABAK: Maybe he ran out of coins.

NAHID: Why doesn't he come back home then?

Beat.

What time is it?

BABAK: 9:25.

Beat.

Ask Mahyar where he is as soon as he calls. We'll go pick him up and get out of town.

NAHID: You're scared too. Yeah. I can see it in your eyes. Why do you hide your fear? Why don't you let it be? Don't you feel your heart racing faster when you pretend? Your heart doesn't deserve it, Babak.

BABAK: *It really doesn't.*

NAHID: . . . deserve it, Babak. You were told a man doesn't cry right from when you were a kid, that a man doesn't get scared, right?

BABAK: Shall I make a quick call and ask how Jamshid is?

BABAK picks up the phone and dials a number.

Hey Jimmy!

(smiling) I called to give you our new number in case you're still alive.

I'm not worried. It'll be over.

I am willing to bet.

Shall we bet on it?

Now that they are hitting the capital, I'd say peace will most likely come. You'll see.

When are you going?

Nahid! Jimmy and his family are going to the North.

Maybe we should go too.

NASRIN enters.

NASRIN: Nahid.

NAHID: Yes, Maamaan?

BABAK: Jimmy! I need to hang up. They're waiting for a phone call here.

8-4-9-4-2-2

Bye.

BABAK hangs up the phone.

NASRIN: What if my dream comes true, Nahid? I'm scared. My son hasn't called.

NAHID: He called, Maamaan. I didn't want to wake you up. Mahyar called, right Babak?

BABAK: *No.*

NAHID: Mahyar called, right Babak?

BABAK: Right . . . I told Nahid to wake you up, but she said it's better if you rest.

NAHID: He said he'll come home.

> *NASRIN senses that they're lying, but she needs to believe the lie right now. She hugs NAHID and wants to tell her something but she can't.*

You don't need to say anything, Maamaan. Mahyar called—

> *There is a knock on the door.*

—and there he is!

NASRIN opens the door. A middle-aged man and a young woman are at the door.

PARVANEH: Sorry . . .

NASRIN steps back when she doesn't see MAHYAR. BABAK and NAHID go to the door.

NAHID: Yes?

PARVANEH: I'm sorry. We're your neighbours from upstairs. Would you let us stay with you for a bit?

NAHID: Sure, please come in, please come in.

SOHEIL and PARVANEH enter. PARVANEH is pregnant. SOHEIL is holding a rooster in one hand and a pen and a few pieces of paper in his other hand. He approaches BABAK and gives him a note.

Please, have a seat.

PARVANEH: Thank you. I'm so sorry, I think we caught you at a bad time.

NAHID: No. No. My brother has not come back yet. My mother is worried about him.

BABAK: *(after reading the note)* Salaam.

PARVANEH: *(thinking BABAK said hi to her)* Salaam aghaa.

BABAK: *(to PARVANEH)* Salaam.

The phone rings. NASRIN picks up the phone.

NASRIN: Alo?

Wrong number.

She hangs up the phone and sits right by it.

PARVANEH: We were home alone. I waited for my husband for such a long time but he didn't come back. He should have come back an hour ago. We couldn't wait in there anymore. He should have come back an hour ago.

NAHID: I hope you left a note for your husband to let him know where you are.

PARVANEH: Yes, I put a note on the door . . . I am Parvaneh. This is my brother-in-law, Soheil.

SOHEIL gives PARVANEH a note that he's written.

PARVANEH: Sorry khaanoom, where's the washroom?

BABAK: *(to SOHEIL)* I'll show you.

PARVANEH: Merci.

PARVANEH takes the rooster from SOHEIL.

(gesturing to rooster) You must forgive us if the sound has annoyed you. Soheil is only here for a couple of days. He'll go back to his own place after. This rooster is his only joy. My husband says Soheil has had a

rooster since he was a kid. They got him a new one each time one died. Another young couple used to live here before you. They had a little boy who loved this rooster. What a kid, he was so cheeky. He'd come knocking at our door whenever Soheil visited—

Sorry, would you let me make a phone call to my husband's office?

NAHID: Yes, of course.

PARVANEH: Our phone is disconnected.

PARVANEH dials the number.

Silence. She waits for an answer on the phone.

No, no one's picking up.

She dials another number.

NAHID: Where is your husband's office?

PARVANEH: Bistopanj Shahrivar Square. Do you know which areas have been bombed?

NAHID: No.

PARVANEH: Hello. Hi.

What could I have done? The bastards have disconnected our phone. I'm calling from the neighbor's house. Are Mom and Dad okay? Let me talk to Mom.

Hi, Mom.

Yes, Mom.

Cyrus is not back yet. I'm so worried.

Yeah. No one is picking up.

He should have returned an hour ago. Do you know which areas have been bombed?

Why are you still upstairs? Why don't you go to the basement? Put Pareesa* on the phone.

Why haven't you gone to the basement? Well, go to the shelter. There has to be a shelter near you.

Okay. Go to the shelter right now.

Ahhh, I feel so bad.

I feel so, so bad.

Say no more. I don't want to hear.

> SOHEIL *gets up, opens the door, and listens. He thinks his brother has come back. But he doesn't hear any sound and goes back to his seat.*

Pareesa! If Cyrus's mom calls, don't tell her he hasn't come back.

---

* In the 2020 English premiere of this play, Parvaneh's sister was named Chloe.

I'll give you the number here to call.

Hold on a sec. Sorry, may I give your number to my sister?

NAHID: Sure. 8-4-9-4-2-2.

PARVANEH: Are you writing this down Pareesa?

8-4-9-4-2-2.

9-4-2-2.

Yes. 2-2. 2. I'll hang up now. They're waiting for a call here. Bye.

> *She dials her husband's office number again. No one picks up the phone on the other end. PARVANEH hangs up. SOHEIL writes a note and gives it to PARVANEH: Call my mom's house.*

No, Soheil jan. If I call, they'll know Cyrus isn't back yet and get worried.

> *SOHEIL writes another note and gives it to PARVANEH: Where have they bombed?*

Jamalzadeh Street.

(to NAHID) My sister lives on North Jamalzadeh Street. She says a rocket has hit the area nearby.

NASRIN: Nahid!

NAHID: Yes, Maamaan!

NASRIN: Mahyar didn't go over there, did he?

NAHID: No, Maamaan jan!

NASRIN: Khodaayaa shokret.

PARVANEH: It hit near a house full of kids. They were celebrating a birthday. The impact of the explosion shattered the windows. So many of them were wounded. That's why they don't use the siren, they're attacking right from Iraq. Khaanoom, I saw the last rocket, I saw it. I didn't know it was a rocket. I thought it was a bomb. There was fire coming out of the back. It got separated from the tank and went down . . . Khaanoom, this city is not safe. It's not safe anymore. Not safe at all. At least with the bombardments they would turn on the sirens, so we knew what to do. Now we don't even have that. And lucky for those bastards, this isn't a small town! They can fire with their eyes closed and still hit something. The city is packed to the brim with people from all four corners of Iran! I swear, I hate this city. I don't know what everyone sees in this place. I keep telling my husband, let's leave. It doesn't take rocket strikes for us to feel near death. The mere fact that we are breathing this damn polluted air means we're face to face with death . . .

As PARVANEH is talking, SOHEIL gives BABAK another note.

BABAK: It's been damaged in the move.

PARVANEH: What?

BABAK: I told him the TV's been damaged in the move.

PARVANEH: Better off! The TV either doesn't say anything, or it lies when it does! Now, if this was happening in another country, they would broadcast every second of it. Soheil loves watching the news. He knows everything that's going on around the world at any given moment

SOHEIL gets up and goes to the door.

Has Cyrus come back? Has your brother come?

Beat. SOHEIL returns.

Khaanoom, I've told my husband over and over, let's go to the North. Or an hour out to Kordan.˙ We have an orchard there. To just leave this rotten city. We're paying so much rent here for no reason. Everything is so expensive. And the air is toxic. The air is toxic!

SOHEIL gives BABAK a note asking for a cigarette while PARVANEH says:

Everything is so expensive.

BABAK: Yeah, sure.

PARVANEH: This time, I'm not compromising. We've rented this place until the end of April. I won't allow him to rent another place in this city again. We have to move to the North. Isn't it a waste if we don't? Clean air and green spaces everywhere. Everywhere. Nothing will convince me otherwise. We need to leave this town. It's not safe here anymore. We'll die for sure if we stay here. We only have this one life. What if they want to destroy this place completely?

NAHID: I say we all go downstairs to the heater room.

---

*   Kordan is a village in Savojbolagh County, Alborz Province, Iran.

PARVANEH: No, I saw a mouse there! It's filthy. I'm saying it for the baby. The only option is to leave.

> *In the meantime, BABAK lights a cigarette and gives it to SOHEIL, who smokes it. PARVANEH turns to SOHEIL, smelling the cigarette.*

No, Soheil jan, you've smoked a lot. It's enough. Put it out. He's smoked a whole pack in the past few hours. Thank you, Soheil jan, put it out.

> *SOHEIL puts the cigarette out.*

Merci, merci, merci. *(as he puts out the cigarette)* Merci. Soheil . . . did you hear that? Maybe Cyrus has come back. See if it is Cyrus?

> *SOHEIL gets up and goes to the door. He opens the door and listens. Beat. Then he closes the door and returns to BABAK.*

We need to leave tonight. Khaanoom, in my state, tell me honestly, isn't it a bad idea to stay here? We need to leave this town for the sake of the baby at least.

> *SOHEIL gives PARVANEH a note.*

No, Soheil jan, this is not the place.

(to NAHID) I read in a book that babies start crying from the time they're in their mother's womb. Start laughing, getting scared, scared, scared, scared. Oh! I'm so worried about this baby. My baby must be so scared now. It could be crying. I can't tell, but I wouldn't be able to do anything about it even if I could. How many times did I tell him, it's too early for me to have a baby, that I'm not ready yet, that it's not time yet. I don't know what to do now.

SOHEIL gives PARVANEH a note, but PARVANEH keeps talking without reading it.

The only thing I can do is wait for my husband to come home and tell him we're leaving this city tonight. What are the odds for a baby to be born healthy in this situation? Is it even possible? I need to be away from this chaos. It will affect the baby's mind if I'm in this terrible state. Yes, we need to leave here as soon as possible. I'll tell him we're leaving for Kordan the moment he's back.

In the meantime, SOHEIL gives BABAK a note asking for the time.

BABAK: 9:25.

PARVANEH: Khaanoom, will you please come with us too? It's a mistake to stay here. I swear, it's a mistake. Why don't we get up and sort these things out now so you can come with us when my husband is back.

NAHID: Please sit down. You should not work.

PARVANEH: But I want to do something. One should do something at a time like this. One should do something in a situation like this. One should— *(reads SOHEIL's note)* No, Soheil jan, leave it for later. I beg of you, please just tell me what to do. The stuff in this box should go in the kitchen.

Sound of explosion, very close. PARVANEH screams.

Silence.

NAHID approaches PARVANEH. PARVANEH screams again.

We need to leave here. We need to leave. We need to leave. We need to leave, I'm sure of it.

SOHEIL takes a harmonica out of his pocket and starts playing. The lights fade slowly to black.

WOMAN'S VOICE: Haven't you finished it yet?

MAN'S VOICE: No. But they will all die in twenty minutes.

WOMAN'S VOICE: They'll die?

MAN'S VOICE: Yeah.

WOMAN'S VOICE: It's not a good ending.

MAN'S VOICE: Many died.

WOMAN'S VOICE: You survived. Many survived.

MAN'S VOICE: Mahyar survives. He approaches the house. It's no longer a house. He approaches the ruins, which used to be a house. He starts choking. He notices the rooster standing on top of the ruins, staring at him. He then gets on his knees right there and starts crying. He cries in the alley, in front of the ruins. That's all he does.

The end.

Afterword

I wrote the following lines to add to the play but could not decide where to place them exactly. During rehearsals, I used it after the playwright's voice at the end of the play, but this would have undermined his final speech about Mahyar. I decided to include it in the afterword so it at least gets read.

> *Images of real people along with images of bombarded houses and buildings.*

A WOMAN: I was talking to my friend on the phone. Then I saw myself on the floor after the first missile attack. I heard the people in the street. I remembered my dad had told me to dial number 4 five times to reach the fire department in case I was ever caught in a fire. I tried, but the line was busy. The other phone number they wanted us to remember was 1-2-3, Tehran's emergency line. I dialed the number, told the agent who answered that we were bombed, and gave him the address. He interrupted me and said, "We are not allowed to provide any information; we will not give any information." I screamed, "Listen to me! I am the information, and I am telling you we are under the debris." Then he said, "We know. Your location has been identified, and we have dispatched crews from the fire and emergency departments."

A MAN: Shelters were overcrowded with no room left whatsoever. People were pushing each other away to get in.

ANOTHER WOMAN: I have a weak wrist. But that night, I managed to break open the door handle with four screws, which you would normally be able to do using a screwdriver. I picked up my children and scrammed. It was raining. I still remember the smell outside, the smell of debris. It's a unique smell.

ANOTHER MAN: Many were sleeping under the bridges at night. Or they would go to the mountains and sleep there with their families and would go to work from there.

ANOTHER WOMAN: When they arrived in our place, the firemen would search for children to save before anyone else. They grabbed my children and took them to safety. When I saw one of them approaching, I got happy and laughingly asked him when I would be reimbursed for the damage. He figured I was joking. I will never forget the happy look on his face. He said he was happy to see I could still laugh. He then held my hand and, on our way out, told me they had been collecting broken arms and legs all day.

ANOTHER MAN: Across the street, two houses burned to shreds. They were on fire because of a gas leak.

ANOTHER WOMAN: I found out we were robbed when I got back home. They had taken things like my husband's travel shaver and my makeup. The smartass had even gone through my jams, thinking he might find gold in the jars.

ANOTHER MAN: Our roof had collapsed. The neighbour's couch had fallen into our unit.

ANOTHER WOMAN: For a year, my kid could not control of his bladder. He used to cry and kept asking why he was like that.

ANOTHER MAN: We lost many friends in those days. We lost many of our relatives. And we lost our innocence for good.

Born and raised in Iran, Mohammad Yaghoubi is an award-winning playwright, director, and screenwriter. He moved to Canada in 2015 and co-founded the Toronto-based NOWADAYS THEATRE company in 2016. His plays have been translated into six languages. Select awards include the Promising Pen Prize from Cahoots Theatre for his 2021 play *Persimmon*, winner of the Iranian Playwrights Society, third place in the New Play Contest at the 2016 Toronto Fringe Festival for Outstanding Writing for *A Moment of Silence*, and the Tehran Theatre Festival Award for Outstanding Direction and Writing for *Winter of 88*.

Nazanin Malekan is a graduate of English translation from Iran, with an acting background in both Farsi and French. She moved to Canada in 2005 and was involved with the NAGs (Nomads Acting Group) between 2006 and 2011, where she acted in minor roles and helped with the props, stage management, and productions. She attended Aida Keykhaii's acting workshop in 2016 and was cast in *Dance of Torn Papers* as the workshop's final acting project in Toronto. She joined NOWADAYS THEATRE shortly after and collaborated with the company in areas such as script translations, grant applications, and other admin-related tasks. Nazanin joined Mohammad Yaghoubi's acting workshops between 2017 and 2018 and was cast in *Angles in Iran* as the workshop's final acting project in Toronto and Waterloo. She is a utility corporate planner from nine-to-five, and an art and theatre lover the rest of the day.

زمستان ۶۶

نمایش‌نامه

محمد یعقوبی

انتشارات نمایش‌نامه‌نویسان کانادا

نمایش‌نامه‌ی زمستان ۶۶ نخستین بار به کارگردانی محمد یعقوبی دو بار در جشن‌واره‌ی تئاتر بهمن‌ماه در سال ۱۳۷۶ در تئاتر شهر تهران، سالن چهارسو، سپس به مدت یک ماه در اسفند ماه ۱۳۷۷ در سالن شماره‌ی دو تئاتر شهر اجرا شد. این نمایش‌نامه به کارگردانی محمد یعقوبی بار دیگر در شهریور و مهرماه سال ۱۳۹۰ در تئاتر شهر، سالن چهارسو به مدت یک ماه به روی صحنه رفت.

بازی‌گران:

رویا افشار: در نقش نسرین (مادر)
آیدا کیخایی: ناهید
سعید زراعی: مه‌یار
علی سرابی: بابک
باران کوثری: پروانه
نوید محمدزاده: سهیل
محمد یعقوبی: نویسنده(صدا)
ساقی عطایی: هم‌سرِ نویسنده (صدا)
طراح صحنه: منوچهر شجاع، دست‌یاران طراح صحنه: محمدعلی حسینعلی‌پور، هادی بادپا، پژمان عبدی، طراح پوستر و بروشور: امیر اسمی، طراح لباس: پری‌دخت عابدین‌نژاد، دست‌یاران کارگردان: محمد قدس، ساقی عطایی، مدیران صحنه: حسین ایرجی، ارنواز صفری، مهتا پناهی، اشکان خیل‌نژاد، نور: امیر ترحمی، اجرای نور: امیر خوارزمی، طراح گریم: ماریا حاجیها، طراحی و مهندسی صدا: آیدین الفت، نعمان شریف، اجرای صدا: مهرداد مصلحی.
*نمایش‌نامه‌ی زمستان شصت‌وشش نخستین بار به زبان انگلیسی در سال ۲۰۲۰ به کارگردانی محمد یعقوبی در فستیوال نکست‌استیج، تورنتو (کانادا) به روی صحنه رفت و با استقبال فراوان منتقدان روبه‌رو شد.
بازی‌گران: آیدا کیخایی، پارمیدا وند، جاناتان شابو، سارا مارشاند، آرمون قائنی‌زاده و امیر زاوش.
طراح نور: دیوید دی‌گرو، مدیر صحنه: ویتنی هیوویت، دست‌یار کارگردان: مه‌سا ارشادی‌فر، موسیقی: به‌رنگ بقایی، طراح پوستر: سامان فرزانه.

صحنه‌ی یک: زمستان شصت‌وشش کجا بودی؟

(صحنه خاموش است و صداهای زیر از باندهای صدای صحنه به‌گوش‌می‌رسد.)

صدای مرد: تو زمستون شصت‌وشش کجا بودی؟

(پاسخی شنیده نمی‌شود. لحظه‌ای بعد:)

صدای زن: چی گفتی؟

صدای مرد: خواب بودی؟ ببخشید.

صدای زن: نه. نه. داشت خوابم می‌برد ولی تو چی گفتی؟

صدای مرد: پرسیدم زمستون شصت‌وشش کجا بودی؟

صدای زن: زمستون کی؟

صدای مرد: بخواب.

صدای زن: نه، گفتی کی؟

صدای مرد: بخواب، فردا بهت می‌گم.

صدای زن: نه، بگو.

صدای مرد: زمستون هزار و سی‌صد و شصت‌وشش کجا بودی؟

صدای زن: یادم نمی‌آد.

(کمی مکث.)

صدای زن: چه‌طور مگه؟

صدای مرد: همین‌جا بودی؟

صدای زن: یادم نمی‌آد.

صدای مرد: زمستون شصت‌وشش با همه‌ی زمستون‌ها فرق داشت. باید یادت بیاد.

صدای زن: یادم نمی‌آد کجا بودم. چرا فرق داشت؟

صدای مرد: بخواب فردا با هم حرف می‌زنیم.

صدای زن: اه! بگو چه فرقی داشت دیگه. اگه نگی از کنج‌کاوی خواب‌م نمی‌بره.

صدای مرد: موشک‌باران.

صدای زن: آها! درسته. موشک‌باران. آره.

صدای مرد: خب؟ کجا بودی؟

صدای زن: روز دوم با خانواده‌م رفتیم شمال... تو کجا بودی؟

صدای مرد: همین‌جا. تهران خلوت شده بود. دیگه خبری از ترافیک نبود.

صدای زن: تا آخر موشک‌باران؟

صدای مرد: آره.

صدای زن: پس چرا زنده‌ای؟

صدای مرد: شاید هم نیستم.

صدای زن: اه!

صدای مرد: درباره‌ی خودتون بگو. از اون روزها چی یادته؟

صدای زن: من خوابم می‌آد. باشه فردا با هم حرف بزنیم؟

صدای مرد: باشه.

صدای زن: دوستت دارم.

صدای مرد: من هم.

صدای زن: فقط یه چیز مهمی رو از اون روزها بهت می‌گم بقیه‌ش رو می‌ذارم برای فردا.

صدای مرد: خب؟

صدای زن: اون روزها هر چیز کوچیك و بی‌اهمیتی من رو خوش‌حال می‌کرد. بی‌مزه‌ترین جوك، ناچیزترین هدیه.

(نور صحنه می‌آید. آپارتمانی دوخوابه در تهران. صـحنه پر از کارتن‌هـای چسب‌زده و طناب‌پیچ و خِرت‌وپرت‌هـای دیگر است. روی برخی کـارتن‌هـا نوشته شده: شکستنی. نـاهید و مـادر تا پایان این صـحنه کارشـان بیش‌تر بازکردن کـارتن‌ها و گذاشتن چیزها در جای مناسب است. صدای خروس به گوش می‌رسد. از این پس هر از گاه صدای خروس به گوش می‌رسد.)

مادر: وا! همسایه‌مون خروس داره!

ناهید: بیا. یه سال تموم وقت و بی‌وقت صدای این جونور بیدارمون می‌کنه.

مادر: من صدای خروس رو خیلی دوست دارم. برای تو هم خوبه. باعث

می‌شه زود بیدار شی، تا لنگ ظهر نخوابی.

ناهید: مهیار...مهیار. برو بقیه‌ی وسایل رو بیار.

مادر: مگه کارگرها رو فرستادی برن؟

ناهید: خب آره، سه ساعت تمام شد دیگه. اگه بیش‌تر می‌موندن پول بیش‌تری می‌خواستن. وسایل سنگین رو آوردن دیگه. تلفن توی کدوم کارتنه؟

مادر: توی یکی از این‌هاست.

ناهید: مهیار، مگه با تو نیستم؟

مادر: می‌ره می‌آره دیگه. بذار یه‌خورده استراحت کنه.

ناهید: اون وسایل رو که نمی‌شه همون‌طور وسط حیاط گذاشت مامان. پاشو مهیار.

(مهیار از اتاقی دیگر وارد صحنه می‌شود. ناهید تلفن را پیدا کرده دارد وصل می‌کند.)

مهیار: چرا کارگرها رو فرستادی برن؟ اگه یه ساعت دیگه کار می‌کردن فوقش هزار تومن بیش‌تر می‌گرفتن.

ناهید: ووی! اگـه هزار تومن پول کمیه، همین حـالا بده به خودم من همه‌ی اون وسایل رو می‌آرم بالا.

مادر: پسرم برو اون وسایل رو بیار بالا.

ناهید: شما این‌جا چی‌کار می‌کنین؟

مادر: با مایی؟

ناهید: با این وسایل بدن سازی‌م...(به مه‌یار) مگه نگفتم این‌ها رو بذار توی انباری.

مه‌یار: می‌خوام تمرین کنم.

ناهید: یه ساله که فقط حرف‌ش رو می‌زنی.

مه‌یار: می‌خوام هر روز صبح روی بالکن تمرین کنم.

ناهید: روی بالکن من اجازه نمی‌دم.

مه‌یار: مگه اجازه من دست توئه؟ اتاق‌مه. دل‌م می‌خواد اون‌جا تمرین کنم.

ناهید: کی گفته اون اتاق توئه؟

مه‌یار: من از همون اول گفتم این اتاق رو می‌خوام.

مادر: پسرم، قرار شد ما دوتا توی این اتاق باشیم.

مه‌یار: بی‌خود. من برای این اتاق کلی نقشه کشیدم. می‌خوام صبح‌ها روی بالکن تمرین کنم. می‌خوام تابستون روی بالکن پشه‌بند بزنم بخوابم.

ناهید: اتاق تو و مامان این یکی‌ه.

مه‌یار: مگه به حرف توئه؟

ناهید: مه‌یار، من خسته‌م. این‌قدر نرو روی اعصاب‌م.

مه‌یار (در میان حرف ناهید): به من چه که خسته‌ای. مگه ما خسته نیستیم؟ جوری حرف می‌زنه انگار فقط خودش کار کرده.

صدای زن: خیلی روزمره‌ست. مشکل اصلی نوشته‌های تو اینه که خیلی

روزمرهست. بیا، بهت برخورد، آره؟

صدای مرد: نه.

صدای زن: آره.

صدای مرد: نه.

صدای زن (خندان): آره.

مهیار: می‌زنه انگار فقط خودش کار کرده.

مادر: پسرم، حموم توی اون اتاقه. هر وقت یکی بخواد بره حموم، مزاحمت می‌شه. مگه تو نمی‌خوای...

مهیار: اشکالی نداره. من همون اتاق رو می‌خوام.

مادر: اشکالی نداره؟ تو همون اتاق رو می‌خوای؟

مهیار: من همون اتاق رو می‌خوام.

ناهید: بی‌خود برای اون اتاق نقشه نکش. برو وسایل اون پایین رو بیار.

مهیار: تا تکلیف این اتاق روشن نشه من دست به هیچ چی نمی‌زنم.

مادر: خب، توی اون اتاق ورزش کن عزیزم.

مهیار: توی اون اتاق که نمی‌شه ورزش کرد مامان. بوی گند عرق تنم می‌پیچه توی اتاق.

ناهید: اصلن خونه که جای بدن‌سازی نیست. می‌خوای ورزش کنی برو باش‌گاه.

مهیار: اگه من جای بابک بودم تا حالا طلاقت داده‌بودم.

مادر: مهیار!

ناهید: پس کاش جای اون بودی چون من از خدامه که اون طلاقم بده.

مهیار: من اون اتاق رو می‌خوام.

مادر: پسرم، ما قبلن حرف زدیم...

مهیار: کسی با من حرف نزد.

مادر: کسی با تو حرف نزد؟

مهیار: کسی با من حرف نزد.

ناهید: با مامان حرف زدم.

مادر: با من حرف زد.

مهیار: با من هم باید حرف می‌زدی.

ناهید: با تو هم باید حرف می‌زدم؟

مادر: با تو هم باید حرف می‌زد؟

مهیار: با من هم باید حرف می‌زدی. (به مادر) کافیه که فقط با تو حرف زده؟

مادر: ببین، پسرم، اون اتاق...

مهیار: من می‌خوام بدونم کافیه که فقط با تو حرف زده؟

مادر: خب، نه؛ اما پسرم...

مه‌یار: همین.

(مه‌یار به آن اتاق می‌رود و با یك كارتن برمی‌گردد و آن را در صحنه می‌گذارد.)

ناهید: داری چه‌کار می‌کنی؟ به وسایل‌مون دست نزن.

(مه‌یار دوباره به همان اتاق می‌رود و با کارتنی دیگر برمی‌گردد و آن را در صحنه می‌گذارد.)

ناهید: مگه با تو نیستم؟

مه‌یار: من قبلن گفتم اون اتاق رو می‌خوام.

ناهید: من هم همین الان دارم به‌ت می‌گم اون اتاق من‌ه.

مه‌یار: چرا؟

ناهید: چرا؟

مادر: چرا؟

ناهید: برای این‌که دلم می‌خواد.

مه‌یار: اگه دل‌بخواهی‌ه من هم می‌گم این اتاق من‌ه.

(مه‌یار یکی از کارتن‌های خود را برمی‌دارد که به آن اتاق ببرد.)

ناهید: این اتاق من‌ه چون من بیش‌تر از همه پول گذاشتم برای رهن و اجاره‌ی این‌جا. حالی‌ت شد؟

(مهیار کارتنی را که برداشته بود همانجا روی زمین می‌گذارد و به چوب‌رختی نزدیک می‌شود و کاپشن خود را به تن می‌کند.)

مادر: کجا داری می‌ری؟

(مهیار پاسخی نمی‌دهد.)

ناهید: مامان ازت پرسید کجا داری می‌ری؟

مهیار: مستراح.

(مهیار به دست‌شویی می‌رود.)

مامان: تو نباید اون حرف رو می‌زدی.

ناهید: دیدی که مجبورم کرد مامان.

مادر: حالا چی می‌شه اون اتاق رو بدی بهش؟

ناهید: یعنی چه؟ چرا همیشه حرف، حرف اون باشه؟ همه‌ش تقصیر توئه مامان. هر وقت قهر می‌کنه، تو زود کوتاه می‌آی.

مادر: آخه چرا شما سر هر چی با هم جروبحث می‌کنین؟

(مهیار می‌آید تو.)

مهیار: مامان، من شب برنمی‌گردم.

مادر: بیرون خیلی سرده. نرو بیرون.

ناهید: کجا می‌خوای بری؟

مهیار: توی کارای من دخالت نکن. تو دیگه حق نداری توی کارای من فضولی کنی. هر جا دلم بخواد می‌رم، هر وقت هم دلم بخواد برمی‌گردم.

ناهید: برو گم شو.

مهیار: برم گم‌شم؟

مادر: بره گم شه؟

ناهید: برو گم شو. لوس گه.

(مهیار از خانه بیرون می‌رود.)

ناهید: پول توی جیبش بود؟

مادر: نمی‌دونم.

ناهید: همیشه شنیدیم زن‌ها قهر می‌کنن. توی خونه‌ی ما برعکسه، مردها قهر می‌کنن.

مادر: تو بدجوری باهاش حرف زدی. خجالت نمی‌کشی؟

ناهید: چرا فقط من باید ملاحظه‌ش رو بکنم؟ چرا اون ملاحظه‌ی من رو نمی‌کنه؟ من الان اعصابم خورده مامان. من ازش بزرگ‌ترم، دیدی که چه‌طور باهام حرف می‌زد؟

مادر: من از شما راضی نیستم. از هیچ‌کدوم‌تون راضی نیستم، مدام به هم فحش می‌دین. اصلن به هم احترام نمی‌ذارین. یه روز نشده که با هم جر و بحث نکنین. همه‌ش بگومگو، بحث و دعوا.

ناهید: مهیار باید از یکی حساب ببره. از تو که حساب نمی‌بره. من باید باهاش این‌طور رفتار کنم که از من یکی حساب ببره.

مادر: تو ناهید زبانت خیلی تلخه. مشکل تو اینه که بلد نیستی به زبان خوش حرف بزنی.

ناهید: مگه این همه سال که تو به زبان خوش باهاش حرف زدی، نتیجه گرفتی؟

مادر: آره. اون به من احترام می‌ذاره، اما به تو نه.

ناهید: به تو احترام می‌ذاره؟ اگه احترام می‌ذاشت، به‌ت می‌گفت کجا داره می‌ره.

مادر: شنیدی که اول‌ش گفت شب برنمی‌گرده. من ازش نپرسیدم، خودش به‌م گفت. اما همین‌که تو ازش پرسیدی کجا می‌خواد بره، پرید به‌ت.

ناهید: تو مامان، پسرت رو لوس بار آوردی.

مادر: تو نمی‌دونی چه‌طور با دیگران رفتار کنی. با شوهرت هم همین‌طور غلط رفتار کردی که الان نیست کمک‌مون کنه.

ناهید: مه‌یار رفت چون دنبال بهانه می‌گشت که بره، چون تنبله. بابک هم همین‌طور. هر دوتاشون تنبلَن. دوتاشون رو باید بست به یه گاری.

مادر: شد یه بار قبول کنی خودت هم مقصری؟

ناهید: مامان، به هر کی می‌پرستی من خسته‌م، اصلن حوصله‌ی این بگومگوها رو ندارم. اصلن حوصله ندارم.

مادر: تو درست مثل بابات‌ی. انگار بابات تو رو زاییده، نه من. اون هم وقتی حرف کم می‌آورد می‌گفت من خسته‌م، حوصله ندارم.

(صدای زنگ تلفن. ناهید گوشی را برمی‌دارد.)

ناهید: الو.

ناهید: سلام. چه‌طوری؟

ناهید: تو همیشه اول‌ی.

ناهید: نه بابا! هنوز خیلی شلوغ‌پلوغه.

ناهید: نه. مرسی.

ناهید: نه بابا! کارگر گرفتیم.

ناهید: کجا دیدی‌ش؟

ناهید: چه‌طور مگه؟

ناهید: مطمئن‌ی بابک بود؟

ناهید: زنه قیافه‌ش چه‌طور بود؟

ناهید: تو مطمئن‌ی بابک بود؟

ناهید: سه روزه ازش خبر ندارم.

ناهید: می‌خوام ازش جدا شم.

ناهید: دیگه خسته شدم مهتاب. این دفعه نذاشتم هر چی دل‌ش می‌خواد بگه بعد قهر کنه بره. به‌ش گفتم دیگه نمی‌خوام ببینم‌ت. هر چی حرف توی دل‌م جمع کرده بودم ریختم بیرون.

مادر: حالا حتمن باید این‌ها رو برای هر کی تعریف کنی؟

ناهید: اتفاقن قبلِ اثاث‌کشی گفتم که امتحان‌ش کنم. اگه مرد بود با همه‌ی حرفام باید می‌اومد توی اثاث‌کشی کمک‌مون می‌کرد. دارم از خسته‌گی

می‌میرم. این کارها رو اون باید می‌کرد، نه من.

ناهید: فقط منتظرم تلفن کنه. حرف‌هام رو آماده دارم.

ناهید: نه. دیگه تصمیم خودم رو گرفته‌م. باید از هم جدا شیم. من دیگه نمی‌تونم بیش‌تر از این با آدمی زنده‌گی کنم که اصلن یه ذره هم من رو نمی‌فهمه.

ناهید: این دفعه که داشت می‌رفت من هم داد زدم برو گم شو، دیگه هم برنگرد. واقعن هم از خدامه دیگه برنگرده، مگه این‌که برای طلاق دادنم برگرده.

ناهید: حالا می‌بینی.

ناهید: خداحافظ.

(ناهید گوشی تلفن را می‌گذارد و شروع می‌کند به ادامه‌ی کار. اما پیداست که فکرش جای دیگری‌ست.)

صدای زن: خب من این گفت‌وگوی تلفنی ناهید رو دوست ندارم.

صدای مرد: چرا؟

صدای زن: برای هر چی خوش‌م نمی‌آد باید دلیل رو کنم؟ خوش‌م نمی‌آد دیگه.

صدای مرد: چرا؟

صدای زن: من دارم جدی حرف می‌زنم.

صدای مرد: چرا؟

صدای زن: من دیگه نمی‌خونم.

صدای مرد: وقتی اولین موشك رو زدند تو کجا بودی؟

صدای زن: من و مادرم رفته بودیم خرید لباس عید.

صدای مرد: صدای انفجار موشك خیلی قوی‌تر از بمب بود. وقتی صدا رو شنیدین فكر كردین صدای چیه؟

صدای زن: مادرم فكر می‌كرد صدای رعد و برقه، ولی من گفتم لابد جایی بمب گذاشتن. آخه اگه یادت باشه اون روزها خیلی بمب می‌ذاشتن. یادمه صدای انفجار خیلی نزدیک بود. آره. ما رفتیم خریدمون رو كردیم، اصلن انگار نه انگار اتفاقی افتاده. اما دومین موشك رو كه زدن فكر كردیم پس بمب‌باران هوایی‌ه. من و مامان توی اتوبوس بودیم. اون موقع هنوز توی اتوبوس‌ها زن‌ها و مردها از هم جدا نبودن. قیافه‌ی مردها و زن‌ها خوب یادمه. همه نگران از این‌كه باز جنگ به شهرها كشیده شده. اما من خیلی خوش‌حال بودم، چون امیدوار بودم مدرسه تعطیل می‌شه.

ناهید: حالا می‌بینی.

ناهید: خداحافظ.

(ناهید گوشی تلفن را می‌گذارد و شروع می‌كند به ادامه‌ی كار. اما پیداست كه فكرش جای دیگری‌ست.)

مادر: به اون چه ربطی داره كه مسائل خصوصی زنده‌گی‌ت رو بهش می‌گی؟

ناهید: تنها آدمی‌ه كه می‌تونم باهاش درد دل كنم.

مادر: رفیق خوبی نیست. خیرت رو نمی‌خواد. داره از حسودی می‌میره كه شوهرت هنوز باهاته.

ناهید: می‌گه بابك رو دی‌روز توی خیابون دیده كه یه زن هم توی ماشین‌ش كنارش نشسته بود.

مادر: دروغ می‌گه. خودش نتونسته شوهرش رو نیگر داره واسه همین چش

دیدن زن‌های دیگه رو نداره که شوهرهاشون باهاشونن.

ناهید: برای چی الکی از بابک دفاع می‌کنی؟

مامان: اصلن زنی که نتونه شوهرش رو نیگر داره حقشه که همین بلا سرش بیاد.

ناهید: مامان، هیچ‌چی نمی‌شه بهت گفت. تو فقط بلدی روی زخم آدم نمک بپاشی.

مادر: حرف حق تلخه دیگه. شوهرداری هنر می‌خواد خانوم.

ناهید: آره، تو هنرش رو داشتی. کاری کردی که بابا دق کرد.

مادر: چرا از خودت حرف درمی‌آری؟ بابات سِکته کرد.

ناهید: خب، چرا سِکته کرد؟ یه آدم سالم چرا یهو باید بیفته بمیره؟ دلیل سِکته‌ش شما بودی دیگه خانوم. این هم حرف حق. تلخه نه؟

(صدای انفجار.)

مادر: یا امام حسین. صدای چی بود؟

ناهید: فکر کنم باز یه جایی بمب گذاشته‌ن.

(صحنه خاموش می‌شود.)

صدای زن: ادامه‌ش؟

صدای مرد: ادامه‌ش رو هنوز ننوشته‌م. تا این‌جا چه‌طوره؟

صدای زن: بد نیست.

صدای مرد: پس خوب هم نیست؟

صدای زن: نگفتم خوب نیست. گفتم بد نیست. این دو جمله با هم فرق داره.

صدای مرد: از اون روزها هیچ چیزی دیگه‌ای یادت نیومده برام تعریف کنی؟

صدای زن: اگه یادت باشه رادیوتلویزیون روز اول هیچ اشاره‌ای به موشک‌باران نکردن. بابام رادیوی خارج رو گرفت که بفهمه چه خبره. میترا گریه می‌کرد می‌گفت بریم بیرونِ شهر. ماشین‌مون خراب بود. مامان زنگ زد یه تاکسی اومد دنبال‌مون رفتیم پارک ارم. تا دیروقت اونجا توی سرما می‌لرزیدیم. بابا گفت دیگه برگردیم خونه. میترا می‌گفت بریم توی یه هتل بخوابیم. بابا گفت می‌ریم خونه. تازه رسیده بودیم خونه که باز یه جای دیگه موشک خورد. بابا باز رفت سراغ رادیو. من رادیوضبط رو ازش گرفتم، توی ضبط یه نوار گذاشتم و شروع کردم به رقصیدن. بابا پا شد بغلم کرد با هم رقصیدیم. بعد مامان و میترا هم پا شدن. قیافه‌ی میترا خوب یادمه. صورتش خیس اشک داشت می‌رقصید. ما خیلی رقصیدیم و من در تمام مدت رقص نگرانِ شیشه‌ی پنجره بودم. می‌ترسیدم شیشه‌ها خورد شه بره توی چشم‌مون و تن‌مون رو پاره‌پاره کنه. من هنوز هم از پنجره می‌ترسم. هنوز هم کابوسم اینه که شیشه‌ها خورد شدن و دارن می‌آن طرفم. آره، ما کلی رقصیدیم و بعد می‌دونی رفتیم کجا خوابیدیم؟ زیر میز آش‌پزخونه. یه میز سنگی داشتیم، چهارتایی‌مون چپیدیم زیر اون میز. من کنار بابا خوابیدم. این‌قدر خوش‌حال بودم کنار بابام خوابیدم.

صحنه‌ی دو: جنگ جنگ تا پیروزی

(صحنه خلوت‌تر شده، اما هنوز تعداد کارتن‌های بسته‌بندی‌شده چشم‌گیر است. مادر گوشی تلفن به دست شماره می‌گیرد. ناهید با تل‌ویزیون ورمی‌رود.)

ناهید: چه‌ت‌ه؟

مادر: با من‌ی؟

ناهید: نه، با این تل‌ویزیون‌م. چه‌قدر به مه‌یار گفتم وقتی کارگرها دارن وسایل رو می‌آرن بالا مواظب باش. معلوم نیست تل‌ویزیون رو کجا زده‌ن دیگه هیچ‌چی نشون نمی‌ده.

مادر: دایی‌این‌ها گوشی رو برنمی‌دارن.

(صدای انفجار.)

مادر: یا فاطمه زهرا.

ناهید: این خیلی نزدیك بود.

صدای زن: روز اول موشك‌باران این‌جوری نبود که. مردم فکر می‌کردن بمب‌بارانه. سردرنمی‌آوردیم چرا ضدهوایی‌ها کار نمی‌کنن. صدای آژیر خطر هم نمی‌اومد. هر وقت صدای انفجار می‌اومد همه‌ی مردم برق‌ها رو خاموش می‌کردن.

(موقعیت قبل یك بار دیگر مطابق نظر هم‌سر نویسنده دیده می‌شود. این بار لامپ اتاق خاموش است و فقط نور تَل‌ویزیون اتاق را روشن کرده‌است. مادر دارد تلفن می‌کند. ناهید با تل‌ویزیون ورمی‌رود.)

ناهید: چه‌ت‌ه؟

مادر: با منی؟

ناهید: نه، با این تلویزیونم. چه‌قدر به مهیار گفتم وقتی کارگرهـا دارن وسایل رو می‌آرن بالا مواظب باش. معلوم نیست تلویزیون رو کجا زدن دیگه هیچ‌چی نشون نمی‌ده.

مادر: نور تلویزیون از پنجره می‌زنه بیرون ناهید. مگه نمی‌گن همه‌ی نورها باید خاموش باشه؟

ناهید: تلویزیون رو گرفتم طرف دیوار مامان جان! نگاه‌کن بعد حرف بزن.

مادر: دایی‌این‌ها گوشی رو برنمی‌دارن.

(صدای انفجار.)

مادر: یا فاطمه‌ی زهرا.

ناهید: این خیلی نزدیک بود.

مادر: خدایا شکرت!

(صدای زنگ تلفن.)

مادر: الو...الو؟...

صدای زن: خدایا شکرت؟ یعنی چه خدایا شکرت؟

صدای مرد: هر بار جایی موشک می‌خورد بابام می‌گفت خدایا شکرت. من از این حرف بابام احساس شرم می‌کردم ولی ته دلم هر بار خوش‌حال می‌شدم روی سر ما نیفتاد.

صدای زن: ولی خدایا شکرت این مفهوم رو نمی‌رسونه.

صدای مرد: کنار دیالوگ بنویس اضافه شود.

صدای زن: چرا داری درباره‌ی زمستان شصت‌وشش می‌نویسی؟

صدای مرد: من زنده موندم. یه روز باید می‌نوشتم.

صدای زن: ما داشتیم از ایران می‌رفتیم. صلح شد که نرفتیم.

صدای مرد: اون احساس شرم از شادی زنده‌موندن رو من اولین بار در زنده‌گی‌م توی زمستان شصت‌وشش حس کردم.

صدای زن: آره، آدم خوش‌حال می‌شد موشک خورده به دیگران.

صدای مرد: روز دوم موشک‌باران توی خیابون دیدم یه لودر چندتا جسد رو از زیر آوار بیرون می‌کشید. دیگه از ترس هیچ کاری نمی‌تونستم بکنم. هر لحظه انتظار داشتم یه موشك بالای سرم پایین بیاد. یه شب داشتم حموم می‌کردم صدای انفجار شنیدم، گریه‌م گرفت. از این‌که وضعی پیش نیومد جسدم رو عور زیر آوار پیدا کنن خیلی خوش‌حال بودم. خودم رو مجسم می‌کردم، جسدم رو، با تن صابونی، لیف‌به‌دست، زیر آوار.

صدای زن: یادم اومد یه موشك هم خورده بود بغل یه حموم زنانه، فرداش مردم به شوخی می‌گفتن: جنگ جنگ تا پیروزی / صدام بزن جای دیروزی.

صدای مرد: اون موشک خورده بود به خود حموم.

صدای زن: خورده بود بغل‌ش.

صدای مرد: من شنیدم خورده بود به خود حموم. تا دو روز جسدها اون تو بود. هیشکی جسدها رو از اون تو درنمی‌آورد.

صدای زن: چرا؟

صدای زن: نیروهای امدادی هیچ زنی نداشتن بره جسدها رو بیاره بیرون.

صدای زن: تو می‌خوای این‌ها رو بنویسی؟

صدای مرد: ننویسم؟

مادر: دایی این‌ها گوشی رو برنمی‌دارن.

(صدای انفجار.)

مادر: یا فاطمه‌ی زهرا.

ناهید: این خیلی نزدیک بود.

مادر: خدایا شکرت!

ناهید: مامان! می‌دونی الان چند نفر کشته‌شده‌ن؟ اون‌وقت می‌گی خدایا شکرت!؟

مادر: خدا مرگم بده. راست می‌گی! استغفرالله ربی و اتوب علیه. العفو! العفو! العفو!

(صدای زنگ تلفن.)

مادر: الو...الو؟...الو؟...

(ناهید گوشی را می‌گیرد)

ناهید: الو؟...الو؟...(گوشی را می‌گذارد.) فکر کنم بابکه. هر بار که جایی رو می‌زنن، تلفن می‌زنه مطمئن شه زنده‌ایم. آره، بابکه. این‌قدر هم مغروره که حرف نمی‌زنه.

مادر: ببین! بعد تو قدر همچین مردی رو نمی‌دونی. الان چه‌قدر خوب بود این‌جا پیش‌مون بود.

ناهید: از فرصت استفاده نکن نصیحت‌م کنی مامان.

مادر: خدا بگم چی‌کارت کنه ناهید!

ناهید: مامان!

مادر: مرض مامان! مردهای خونه‌مون رو آواره‌ی خیابون کردی تو.

ناهید: یك كلمه دیگه بگی از این در می‌زنم می‌رم خودم رو گم‌وگور می‌کنم همه‌تون از دستم راحت شین.

(ناهید کارتن‌ها را وارسی می‌کند.)

ناهید: این چراغ‌قوه کجاست؟

مادر: نمی‌دونم.

ناهید: هیچ تعجب نمی‌کنم بدونی کجاست، ولی برای این‌که لج من رو درآری بگی نمی‌دونی.

(کارتن‌ها را وارسی می‌کند.)

مادر: مهیار جان! تو رو خدا زنگ بزن مادر فدات بشه الهی. تو رو خدا زنگ بزن خیال‌م رو راحت کن پسرم. مهیار جان هر جا هستی خدا حفظت کنه.

ناهید: سلام. تو این‌جایی؟

مادر: کی اون‌جاست؟

ناهید: پس چرا صدات درنمی‌آد عزیزم؟(چراغ قوه را پیدا کرده و روشن می‌کند.)

مادر: نورش رو بگیر طرف زمین ناهید!

ناهید: حالا با هم بگردیم ضبط رو پیدا کنیم.

مادر: به من چه. خودت تنهایی بگرد.

ناهید: با این چراغ‌قوه بودم نه با شما. می‌دونم از شما خیری به من نمی‌رسه.

(صدای زنگ تلفن.)

ناهید: الو!

ناهید: هیچ معلومه تو کجایی؟ چرا زودتر تلفن نکردی؟

مامان: مه‌یاره؟

ناهید: عقل‌ت نمی‌رسه ما نگران‌یم؟

مادر: گوشی رو بده به من ناهید. گوشی رو... (گوشی را می‌گیرد) الو! خدا رو شکر. خدا رو صدهزار مرتبه شکر. پسرم تو کجایی؟

مادر: چرا زودتر تلفن نکردی؟ همین الان بیا خونه. من می‌ترسم.

مادر: ناهید! مه‌یار می‌گه ما بریم بیرون!

ناهید: این‌جا که امنیت‌ش بیش‌تر از بیرون‌ه مامان. به حرفای چرند اون بچه چرا گوش می‌دی؟

مادر: این‌جا که امنیت‌ش بیش‌تر از بیرون‌ه مه‌یار.

مادر: اگه نیای فکرم همه‌ش پیش توئه عزیزم.

مادر: این حرفای مزخرف چی‌ه می‌زنی؟ بیا این‌جا! خواهش می‌کنم.

ناهید: چی‌چی رو خواهش می‌کنم مامان!؟ (گوشی را می‌گیرد) تو خجالت نمی‌کشی؟ تو مثلن مرد این خونه‌ای. الان باید این‌جا باشی. بی‌شعور!

مادر: گوشی رو بده به من. (گوشی را می‌گیرد) پسرم، همین الان بیا این‌جا. من خیلی می‌ترسم.

مادر: بیرون سرده. من حال‌م بد می‌شه.

مادر: قول بده. به‌م قول بده.

مادر: تا وقتی برنگشتی، هر جا رو که زدند فوری باید به‌م تلفن کنی.

مادر: خدا پشت و پناه‌ت.

(گوشی را می‌گذارد. بلافاصله صدای تلفن.)

مادر: الو؟

مادر: سلام داداش. چند دقیقه پیش زنگ زدم گوشی رو برنمی‌داشتین.

مادر: آره داداش. شماها الان کجایین؟

ناهید: مامان، بپرس کجاها رو بمب‌بارون کرده‌ن.

مادر: ناهید! دایی‌این‌ها رفته‌ن بیرون شهر. می‌گه ما هم بریم پیش‌شون.

ناهید: نه مامان. من جرئت نمی‌کنم پام رو توی خیابون بذارم.

مادر: داداش، ما نمی‌تونیم بیایم. مهیار و بابک هنوز نیومده‌ن. وسایل‌مون رو هم هنوز از توی کارتن‌ها درنیاوردیم. این‌جا نشسته‌یم توی تاریکی.

ناهید: مامان، بپرس کجاها رو زدن.

مادر: هر جا که هستین خدا حفظتون کنه.

ناهید (بلند که دایی بشنود): دایی‌جان! کجاها رو بمب‌بارون کرده‌ن.

مادر: خدا لعنت‌شون کنه به حق علی.

مادر: باشه داداش.

مادر: قربانت داداش. خدا پشت و پناهت. (گوشی را می‌گذارد)

مادر: یکی‌ش خورده طرف‌های بیست‌پنج شهریور. ما که اون طرف‌ها کسی رو نداریم ناهید؟

ناهید: نه.

مادر: خدا رو شکر.

ناهید: باز هم که این جمله رو تکرار کردی مامان!

مادر: آخ! غلط کردم. غلط کردم.

ناهید: این رادیوضبط توی کدوم کارتن‌ه؟

مادر: نمی‌دونم.

ناهید: مامان جان! نسرین خانوم! خودت گذاشتی‌ش توی کارتن. آخه چرا یادت نیست؟

مادر: اه! یادم نیست دیگه! تو چه‌قدر غرمی‌زنی!

(ناهید هم‌چنان برای پیداکردن رادیوضبط کارتن‌ها را وارسی می‌کند.)

صدای زن: چه‌طوره که ناهید حامله باشه. یادمه خاله‌م زمان موشک‌باران حامله بود. از ترس موشک‌باران رفته‌بودن وردآورد یه خونه اجاره کرده‌بوده‌ن. پسرخاله‌م امید هفت‌ماهه به دنیا اومد. خاله‌م قرار بود آخرهای فروردین به دنیاش بیاره. ولی ترس‌های موشک‌باران باعث شد بچه بیست‌وپنجم اسفندماه به دنیا بیاد. چند ماه بعدش دیگه جنگ تموم شده بود ولی خاله‌م متوجه شد بچه وقتی خوابه هر بار که صدای بلندی می‌شنوه صدای باز و بسته‌شدن در یا هر صدای بلند دیگه‌ای می‌شنید از خواب می‌پرید، دست‌ش رو می‌برد بالا و بعد دست‌ش آهسته می‌اومد پایین و دوباره می‌خوابید.

(ناهید از داخل یکی از کارتن‌ها آلبوم‌های عکس خودشان را پیدا می‌کند. جست‌وجو برای پیداکردن رادیوضبط یادش می‌رود. سرگرم تماشای عکس‌ها می‌شود. چراغ قوه پت‌پت می‌کند.)

ناهید: ای وای! ای وای! می‌بینی؟ آخی! نگاه کن آخه!

مادر: چی می‌گی ناهید؟

ناهید: با این چراغ‌قوه‌م.

مادر: ناهید! می‌شه لااقل توی هم‌چین وضعیتی دست از این مسخره‌بازیات ورداری؟ یعنی چی هی با وسایل حرف می‌زنی؟

ناهید: این عکس‌ها رو که نگاه می‌کنم تازه می‌فهمم توی این چند سال چی به سرم اومده. توی همین یکی دو ماه چهار کیلو لاغر شدم. الان پنجاه‌وسه کیلو هستم. اول ازدواج شصت کیلو بودم. خوب یادمه.

مادر: از بس که حرص و جوش می‌زنی. از بس که بد اخلاق و پر توقعی.

ناهید: این‌ها رو نگفتم که تو باز شروع کنی مامان.

مادر: تو شوهر بد ندیدی. مردهای دیگه رو ببین، اون‌وخت می‌فهمی بابک چه مرد خوبی‌ه.

ناهید: آره، چه مرد خوبی. توی این وضع قهر کرده تنهامون گذاشته. خیلی مرد خوبی‌ه! بَه‌بَه چه مردی!

مادر: تقصیر خودت‌ه که اون قهر کرده. تو اصلن بلد نیستی با آدم خوب حرف بزنی. همین الان چی می‌شد با برادرت با لحن بِه‌تری حرف می‌زدی؟

ناهید: مامان، بس کن. حوصله ندارم.

مادر: این‌قدر غر می‌زنی که بابک هم مجبور می‌شه جواب بده. اگه شوهرت باهات بدرفتاری می‌کنه تقصیر خودت‌ه که بلد نیستی خرش کنی.

ناهید (با بغض): وای! باز هم حرف‌های تکراری. از دست همه‌تون خسته شده‌م.(آلبوم را پرت می‌کند.)

مادر: وا! من اگه حرفی زدم برای این‌ه که خیر و صلاحت رو می‌خوام.

ناهید: اگه مادری بودی که خیر و صلاح بچه‌ش رو می‌خواد می‌زدی توی دهن‌م می‌گفتی حق نداری این‌قدر زود ازدواج کنی؟

مادر: هم‌چین هم زود ازدواج نکردی. این‌قدر هم نمك‌نشناس نباش. شوهرت آدم خوبی‌ه. مردها همه‌شون بچه‌ن. زن اگه زن باشه می‌تونه شوهرش رو همون‌جور که دل‌ش می‌خواد تربیت کنه.

ناهید: اون‌وقتی که داشت تربیت می‌شد مادرش بالاسرش بود. اگه من بالاسرش بودم که نمی‌ذاشتم این‌جور لوس بار بیاد.

مادر: ای خدا! خدا! خدا! تو رو به بزرگی‌ت قسم یه پسر به این دخترم بده

می‌خوام ببینم موقع تربیت‌ش چه غلطی می‌خواد بکنه.

ناهید: من اگه بچه‌دار شم جوری تربیت‌ش می‌کنم که بعدها زن‌ش توی دل‌ش به‌م فحش نده.

مادر: جای این‌که توی دل‌ت به مادر شوهرت فحش بدی همت کن شوهرت رو مطابق پسند خودت تربیت‌ش کن. مردا دو بار تربیت می‌شن. یه بار مادرهاشون تربیت‌شون می‌کنن یه بار هم باید زن‌هاشون تربیت‌شون کنن.

ناهید: ولی من یه مرد کاملی می‌خواستم که لازم نباشه خودم تربیت‌ش کنم.

مادر: بیا فشارم رو بگیر!

ناهید: توی این شلوغی فشارسنج رو از کجا پیدا کنم؟

مادر: این‌جا پیش خودمه.

(ناهید فشار مادرش را می‌گیرد.)

صدای زن: یادمه مادرم می‌گفت وقتی آدم می‌ترسه فوری باید بره دست‌شویی، چون کلیه‌ها باید کار کنن. همه‌ی ما رو مجبور کرد بریم دست‌شویی. بابام می‌گفت من دست‌شویی ندارم. (می‌خندد.) مادرم هل‌ش داد توی دست‌شویی که سعی خودت رو بکن، تو می‌تونی.

مادر: چنده؟

ناهید (با چراغ قوه نگاه می‌کند. چراغ‌قوه پت پت می‌کند.): پونزده روی ده. بفرما! حالا هی غربزن! هی غربزن! این قدر غر بزن که فشارت هی بره بالا!

مادر: ناهید! من غرمی‌زنم یا تو!؟ کی از وقتی که پامون رو گذاشتیم این‌جا داره پاچه می‌گیره؟

ناهید: منظوری ندارم مامان! داد می‌زنم درجا پشیمون می‌شم. آخه مردهای خونه‌مون خیلی لوس‌ن مامان!

مادر: بیا این‌جا ببینم. بیا این‌جا ببینم. (بغل‌ش می‌کند.)

ناهید: باتری چراغ قوه تموم نشه مامان!

مادر: فدای سرت که تموم شه.

ناهید: دلم نمی‌خواد تموم بشه.

مادر: شمع که داریم. الان می‌رم پیداش می‌کنم.

ناهید: نه نرو. تو رو خدا من رو سفت بغل کن مامان.

مادر: آخی! عزیزم. خوش‌گل من! ببین الان عین بچه‌گی‌هات شدی. پیش بابک هم مثل الان‌ت باش، عین بچه‌گی‌هات. هر وقت رفتاری می‌کنی که بلافاصله پشیمون می‌شی صاف و صادق بگو.

ناهید: پررو می‌شه مامان. لوس‌تر از اینی که هست می‌شه.

مادر: چرا متوجه نیستی چی به‌ت گفتم؟ مردها بچه‌ن. شصت سال‌شون هم بشه بچه‌ن. شکننده‌ن. هارت‌وپورت‌شون رو نگاه نکن. این‌قدر راحت می‌شه خرشون کرد. فقط باید راه‌ش رو یاد بگیری دخترم.

ناهید: پس چرا تو بلد نبودی مامان جان!

مادر: چرت‌وپرت نگو. خیلی هم خوب بلد بودم. بابات سِکته کرد. اگه این حرف‌ت شوخی‌ه شوخی خوبی نیست.

ناهید: شوخی نیست.

مادر: اصلن شوخی خوبی نیست. من و بابات هیچ‌وخت مشکل مهمی با هم نداشتیم.

ناهید: مامان، یه چیزی ازت بپرسم راستش رو بهم می‌گی؟

مادر: معلومه که می‌گم.

ناهید: تو اصلن من رو دوست داری مامان؟

مادر: وا! این چه حرفی‌ه؟ معلومه که دوستت دارم. تو دختر منی.

ناهید: من هر وقت بختک می‌شم خواب می‌بینم تو با یه کارد آش‌پزخونه داری می‌آی سرم رو ببری.

مادر: وا! خاک عالم!

ناهید: همیشه هم می‌دونم دارم خواب می‌بینم، اما نمی‌تونم بیدار شم. سعی می‌کنم بابک رو بیدار کنم، اما بابک بیدار نمی‌شه. سعی می‌کنم پا شم، اما نمی‌تونم. تو می‌آی بالای سرم، همین‌که کارد رو می‌ذاری روی گلوم این‌قدر توی خواب جیغ می‌زنم که مثلن بابک رو بیدار کنم این‌قدر جیغ می‌زنم که با صدای جیغ خودم بیدار می‌شم ولی می‌فهمم اصلن جیغ نزدم.

مادر: عزیز دلم! دختر خوش‌گلم!

ناهید: این صدای چی بود؟

ناهید: من که صدایی نشنیدم.

ناهید: یه صدایی می‌آد.

مامان: می‌خوای من رو بترسونی. من می‌دونم.

ناهید: مامان یه صدایی می‌آد. من می‌ترسم.

مادر: من صدایی نمی‌شنوم.

ناهید: بهتره برق رو روشن کنیم.

مادر: نه، خطرناكه.

ناهید: (با ترس) کجا می‌خوای بری؟

مادر: توالت.

ناهید: نه نرو.

مادر: اه! باید برم.

ناهید: پس من هم می‌آم.

مادر: نه ناهید!

ناهید: من می‌ترسم مامان!

(صدای انفجار.)

مادر: یا امام زمان. تو خودت به داد ما برس.

صدای زن: روز اول فقط دو سه تا موشك زدند.

صدای مرد: می‌دونم.

صدای زن: پس چرا این‌قدر نوشتی صدای انفجار؟

صدای مرد: من کاری به واقعیت ندارم.

صدای زن: اگه مطابق واقعیت بنویسی فکر کنم به‌تره.

صدای مرد: نه بابا!

(صدای زنگ تلفن.)

ناهید: الو؟...الو؟...الو، تویی بابک؟ آره، تویی. چرا جواب نمی‌دی؟ وقتی حرف نمی‌زنی چه فایده داره گوشی دست‌م باشه.

مادر: گوشی رو بذار، مه‌یار می‌خواد تلفن کنه.

ناهید: من دارم گوشی رو می‌ذارم. نمی‌خوای حرف بزنی؟

مادر: خب بذار دیگه!

ناهید: بابک دارم گوشی رو می‌ذارم.

(گوشی را می‌گذارد. صدای کوبش در ورودی.)

ناهید: بله؟ (پاسخی نمی‌شنود) بله؟ ...مه‌یار تویی؟...مه‌یار؟

مادر: چرا در رو باز نمی‌کنی؟

ناهید: مامان! من باید بدونم کی‌ه تا در رو باز کنم.

(صدای کوبش در.)

ناهید: مه‌یار، تویی؟

مادر: مه‌یار، پسرم تویی؟ آقا مه‌یار!

(صدای کوبش در.)

ناهید: هر کی هستی، تا جواب ندی من در رو باز نمی‌کنم.

صحنه‌ی سوم: گل گاوزبان

(ناهید دارد چند شمع روشن می‌کند و در جاهای مختلف خانه می‌گذارد. سپس بلافاصله با روزنامه پنجره را می‌پوشاند که نور شمع به بیرون درز نکند.)

مادر: اللهم صلی علی محمد و آل محمد. اللهم صلی علی محمد و آل محمد. اللهم صلی علی محمد و آل محمد. اللهم صلی علی محمد و آل محمد. اللهم صلی علی مه‌یار تلفن نکرد.

ناهید: حتمن دیگه سکه نداره.

مادر: داشت. خودش گفت تلفن می‌کنه.

ناهید: شاید پشت باجه‌ی تلفن منتظره.

صدای زن: کی بود در می‌زد؟

صدای مرد: کی بود واقعن؟

صدای زن: کی بود؟

صدای مرد: کی بود؟

صدای زن: بی‌مزه.

مادر: اللهم صلی علی محمد و آل محمد. اللهم صلی علی محمد و آل محمد. اللهم صلی علی محمد و آل محمد. اللهم صلی علی محمد و آل محمد. اللهم صلی محمد و آل محمد. اللهم صلی علی محمد و آل محمد.

(صدای تلفن.)

مادر: الو؟...الو؟

(ناهید گوشی را می‌قاپد.)

ناهید: الو؟...الو؟...بابک تویی؟ خواهش می‌کنم جواب بده، بابک. ما منتظر تلفن مه‌یاریم. اگه می‌خوای حرف بزنی بگو، وگرنه مجبورم گوشی رو بذارم. الو...الو...

(گوشی را می‌گذارد.)

مادر: یا فاطمه‌ی زهرا. بچه‌م تلفن نکرده. یا امام زمان. خدایا، خودت به داد ما برس. ای خدا، پسرم رو سپردم به تو، هر جا هست حفظش کن. اللهم صلی علی محمد و آل محمد. اللهم صلی علی محمد...

(صدای دو انفجارِ پی‌درپی. صدای جیغ یك زن از خانه‌ی یکی از هم‌سایه‌ها.)

مادر: اللهم صلی علی محمد و آل محمد. اللهم صلی علی محمد و آل محمد.

ناهید: پاشو مامان. پاشو بریم پایین توی پارکینگ.

مادر: من نمی‌آم.

ناهید: یعنی چه؟

مادر: من این‌جا می‌مونم که مه‌یار تلفن کنه.

ناهید: مامان، مگه نمی‌بینی وضع چه جوری‌ه؟ پاشو.

مامان: گفتم که، من نمی‌آم.

ناهید: خودم تنهایی می‌رم پایین‌ها.

مادر: خب برو. من کاری به تو ندارم.

ناهید: مامان، تو هیچ معلومه چه‌ته؟

مادر: چی‌ه؟ از دست من هم ناراحتی؟ خب، من رو هم بذار تو کوچه خیالت راحت بشه دیگه. اون دو تا رو که انداختی بیرون. من هم بذار توی کوچه ببین خیالت راحت می‌شه؟

(صدای کوبش در.)

ناهید: بله؟...

(صدای کوبش در.)

ناهید: کی هستی؟ چرا جواب نمی‌دی؟

(کاغذی از شکاف در می‌افتد تو. ناهید می‌ترسد. سپس خم می‌شود و تکه‌کاغذ را برمی‌دارد.)

مادر: چی‌ه ناهید؟

ناهید: کاغذه.

(ناهید نوشته روی کاغذ را می‌خواند.)

ناهید: نه، نداریم.

مادر: چی نداریم؟

ناهید: هم‌سایه‌ست. گل گاوزبون می‌خواد.

مادر: نداریم. گل‌گاوزبون نداریم.

(سکوت. مادر می‌رود پتویی برمی‌دارد و پیچیده در پتو جلوی تلفن می‌نشیند.)

مادر: ناهید، من سردمه. نمی‌تونی بری پایین شوفاژ این‌جا رو راه بندازی؟

ناهید: تو خودت جرئت می‌کنی پات رو از این در بذاری بیرون؟ تازه من می‌دونم لوله‌ی شوفاژ ما کدومه؟ من از این‌جور کارها سردرمی‌آرم؟ ولی در اولین فرصت این کار رو هم یاد می‌گیرم که اگه باز هم آقایون قهر کردن بدونم چه‌کار کنم.

مادر (در میان حرف ناهید دارد صلوات می‌فرستد.): اللهم صلی علی محمد و آل محمد. تو فقط باید یاد بگیری به زبان خوش حرف بزنی. اللهم صلی علی محمد و آل محمد.

(صدای زنگ تلفن در میان صلوات پی‌درپی مادر.)

ناهید: الو...بابک؟ خواهش می‌کنم جواب بده. من می‌دونم تویی.

مادر: گوشی رو بذار ناهید.

ناهید: ازت عذر می‌خوام. بیا این‌جا. ما تنهاییم، بهت احتیاج داریم بابک. جواب بده. الو. من ازت عذر می‌خوام. بابک، تویی؟ الو؟

مادر: گوشی رو بذار ناهید. مه‌یار می‌خواد زنگ بزنه.

ناهید: مگه نمی‌خواستی ازت عذرخواهی کنم؟ خب، گفتم ازت عذر می‌خوام دیگه. من خیلی می‌ترسم بابک. بیا این‌جا. ما تنهاییم. بیا این‌جا خواهش می‌کنم. فقط من و مامان این‌جاییم. مه‌یار رفته بیرون. ما می‌ترسیم بابک. هر چه زودتر بیا این‌جا. دوستت دارم بابک. (مکث) من که ازت عذرخواهی کردم. چرا حرف نمی‌زنی پس؟ من گوشی رو می‌ذارم که تو همین الان راه

بیفتی بیای این‌جا. خواهش می‌کنم.

(گوشی را می‌گذارد.)

ناهید: من مطمئن‌م بابکه. مطمئن‌م.

(صدای زنگ تلفن. مادر دارد صلوات می‌فرستد و تا وقتی مطمئن نمی‌شود چه کسی تلفن کرده، هم‌چنان زیر لب صلوات می‌فرستد.)

ناهید: الو!

ناهید: توی کدوم قبرستونی هستی تو؟ اصلن معلومه تو چه مرگ‌ته؟

ناهید: زود بیا خونه. مامان داره گریه می‌کنه، تو همین رو می‌خوای؟

(مادر گوشی را می‌قاپد.)

مادر: الو، مهیار جان!

مادر: خیلی دیر زنگ زدی. اگه همین الان راه نیفتی نیای خونه، من از ترس می‌میرم.

مادر: ناهید! می‌گه بیایید بریم توی یه پناه‌گاه. خب، راست می‌گه ناهید.

ناهید (بلند که مهیار بشنود): من از این‌جا تکون نمی‌خورم. تو هم اگه مامان رو دوست داری همین الان راه می‌افتی می‌آی خونه.

مادر: الو، تو نمی‌خوای بیای؟

مادر: من نمی‌تونم بیام. بیرون سرده. تو باید بیای این‌جا دور هم باشیم.

مادر: خب، ماشین گیرت نمی‌آد پیاده بیا. من دارم یخ می‌زنم. تو باید این‌جا

باشی بری شوفاژخونه شوفاژ این‌جا رو راه بندازی.

مادر: من ازت راضی نیستم. از هیچ کدوم‌تون راضی نیستم. من وقتی رو پای خودم هستم تو این‌جور بهم بی‌اعتنایی می‌کنی دیگه می‌تونم بفهمم وقت پیری‌م چه‌طور باهام رفتار می‌کنی. من نفرین‌تون نمی‌کنم، فقط دعا می‌کنم یه روزی بچه‌هاتون همین‌جور باهاتون رفتار کنن تا بفهمین من از دست شما چی کشیدم.

(گوشی را خشم‌گین می‌گذارد.)

ناهید: نمی‌خواد بیاد؟

مادر: نه. همه‌ش هم تقصیر توئه.

ناهید: مامان.

(صدای زنگ خانه. مادر گوشی آیفون را برمی‌دارد.)

مادر: بله؟...بفرما تو...بابکه.

ناهید: دیدی؟ می‌دونستم خودشه که هر بار تلفن می‌زنه.

(ناهید شتابان به سوی دست‌شویی می‌رود. مادر می‌خواهد در را باز کند.)

ناهید: نه، نه. خودم در رو براش باز می‌کنم.

مادر: خیلی خب!

ناهید: چند دقیقه بعد ما رو تنها بذار. بهانه‌ای پیدا کن برو توی اتاق. می‌خوام باهاش تنهایی حرف بزنم.

(تاریکی.)

صدای زن: تو اگه یه روز قهر کنی و بری، من امکان نداره ازت عذرخواهی کنم. هرقدر هم که مقصر باشم عذرخواهی نمی‌کنم.

صدای مرد: می‌کنی.

صدای زن: نه.

صدای مرد: اگه در وضعیت این‌ها باشی عذرخواهی می‌کنی.

صدای مرد: امکان نداره.

صدای مرد: مزخرف نگو.

صدای زن: امتحان کن.

صدای مرد: چه جوری؟ الان که موشک‌باران نیست.

صدای زن: نه، امکان نداشت عذرخواهی کنم.

صدای مرد: عذرخواهی می‌کنی.

صحنه‌ی چهارم: چسب داریم؟

(اندکی بعد. صدای تقه بر در ورودی. ناهید با سر و وضعی آراسته و مویی شانه‌کرده از دست‌شوییِ بیرون می‌آید و می‌رود در را باز می‌کند. بابک با دستیِ پر وارد می‌شود.)

ناهید: سلام.

بابک: سلام. سلام مادر.

مادر: سلام.

بابک: کلید برق کجاست؟

ناهید: این‌جاست.

مادر: چه‌طو مگه؟

(بابک برق را روشن می‌کند.)

مادر: وا!

بابک: دیگه بی‌فایده است. از عراق موشك پرتاب می‌کنن.

مادر: از خود عراق؟

بابک: آره، از خود عراق.

مادر: خاك عالم!

ناهید: تو مطمئنی؟

بابک (روزنامه‌اش را به ناهید می‌دهد): این‌جا نوشته ما دی‌روز دو تا موشک به عراق زدیم، خب، حالا نوبت اوناس دیگه.

مادر: خدا نسل‌شون رو از روی زمین ورداره به حق علی.

(ناهید دارد شمع‌ها را یکی یکی خاموش می‌کند.)

ناهید: آره، همین‌که تو نفرین کردی خدا نسل‌شون رو ورمی‌داره. خدا فقط معطل نفرین ما بود.

بابک: مه‌یار کجاست؟

ناهید: رفته بیرون.

بابک: الان چه وقت بیرون رفتن‌ِه؟

ناهید: رُفته بیرون دیگه.

بابک: الان چه وقت بیرون رفتن‌ِه؟

ناهید: قهر کرده.

بابک: مطمئن‌ِم تو بی‌تقصیر نیستی.

(بابک تل‌ویزیون را روشن می‌کند.)

ناهید: تا جایی که من می‌دونم قهر و ناز کار خانوماست. اما توی خونه‌ی ما انگار وضع برعکس‌ِه، مردا قهر می‌کنن.

بابک: منظورت از مردا من هم هستم دیگه؟

مادر: بچه‌های من بس کنین.

ناهید (از خاموش کردن یك شمع صرف‌نظر می‌کند.): با تو کاری ندارم.

بابک: با منی؟

ناهید: نه، با این شمع بودم.

(بابک می‌رود تلویزیون را روشن می‌کند.)

ناهید: تلویزیون توی اثاث‌کشی خراب شده. چه‌قدر به مهیار گفتم مواظب کارگرها باش.

مادر: وای، تو چه‌قدر غر می‌زنی ناهید!

ناهید (به بابک): تو می‌خوای چیزی بهم بگی؟

بابک: اون‌جا نشین.

مادر: می‌زنی ناهید!

ناهید (به بابک): تو می‌خوای چیزی بهم بگی؟

بابک: رادیوضبط کو؟

ناهید: کجاس مامان؟

مادر: به پیر به پیغمبر نمی‌دونم ناهید!

ناهید: کجاها موشك خورده؟

بابک: نمی‌دونم.

مادر: یکی‌ش خورده طرفای بیست‌پنج‌شهریور. داداش‌م گفت.

ناهید: خیلی خوب کردی اومدی. اگه نمی‌اومدی دیگه هیچ‌وقت باهات حرف نمی‌زدم. هیچ‌وقت.

بابک: نزدیك پنجره نشین. ممکنه موج انفجار شیشه‌ها رو خرد کنه بره توی چشمات.

ناهید: واقعن؟

بابک: بله واقعن.

ناهید: چرا این رو گفتی؟ مگه من رو دوست داری؟

صدای زن: برای چی حرف‌های من رو نوشتی؟ مگه من خیلی حرف‌های خوبی می‌زنم؟

صدای مرد: آره.

صدای زن (ذوق‌زده): واقعن؟

صدای مرد: آره واقعن.

صدای زن: می‌خوای یه جمله به حرف‌های ناهید اضافه کنم؟

صدای مرد: آره.

ناهید: واقعن؟

بابک: بله واقعن.

ناهید: چرا این رو گفتی؟ مگه من برات مهمم؟ مگه من رو دوست داری؟ تو خیلی خوب کردی اومدی.

مادر: ناهید، من می‌رم استراحت کنم. باید یه خورده استراحت کنم.

بابک: چسب داریم؟

ناهید: چسب زخم؟

بابک: نه. چسب کارتن؟

ناهید: چسب کارتن می‌خوای چی‌کار؟

بابک: بزنم به شیشه‌ها که خرد نشه. اونجا که تلفن می‌زدم، یه بار موشک خورد اون دور و برها، شیشه‌های باجه‌ی تلفن کاملن خرد شد. من شانس آوردم اون لحظه اون تو نبودم.

مادر: خدا رحم کرد.

بابک: من شانس آوردم.

مادر: خدا خیلی رحم کرد.

بابک: من خیلی شانس آوردم.

مادر: خدا خیلی رحم کرد.

بابک: من خیلی شانس آوردم.

مادر: خدا خیلی رحم کرد.

بابک: چسب داریم؟

ناهید: داریم، اما از توی این همه خرت و پرت نمی‌شه پیداش کرد.

مادر: من می‌دونم توی کدوم کارتنه. این‌هاش.

ناهید: بابک، تو خوبه اول بری شوفاژ این‌جا رو راه بندازی.

مادر: ناهید!

ناهید: جانم مامان جان!

(بابک بیرون می‌رود.)

مادر: مهیار تلفن کرد صِدام می‌زنی دیگه؟

ناهید: آره، مامان.

(بابک برمی‌گردد.)

بابک: کلید شوفاژخونه رو به من بدین.

(مادر کلید شوفاژخانه را به او می‌دهد. بابک بیرون می‌رود.)

مادر (از دم در اتاق خواب): ناهید، من خیلی باید اون تو بمونم؟

(تاریکی.)

صدای زن: بابام خیلی چیزها از اون روزها یادشه.

صدای مرد: چی می‌گفت؟

صدای زن: اصرار داره بریم خونه‌شون که تعریف کنه. تلفنی نمی‌گه.

صدای مرد: چرا؟

صدای زن: می‌گه پول تلفن زیاد می‌شه.

صدای مرد: خب تو زنگ می‌زدی.

صدای زن: گفتم خودم زنگ می‌زنم، ولی می‌گه نمی‌خوام پول تلفن شما هم زیاد شه. بابامه دیگه. نمی‌خواد اداره‌ی مخابرات رو خوش‌حال کنه. هر چی اصرار کردم بگه نگفت. فکر کنم نگرانه تلفن کنترل باشه. می‌گه بریم حضوری تعریف کنه که هم مجبور نباشیم پول تلفن بدیم، هم رفتیم دیدن‌شون.

صدای مرد: خب برو.

صدای زن: تنهایی برم؟

صدای مرد: من این روزها نمی‌تونم.

صدای زن: خیلی حرف‌ها داره بگه‌ها. مثلن تو می‌دونستی هرجا که موشک می‌خورد یه گله لباس‌شخصی با موتور می‌ریختن اون‌جا؟ کارشون این بود که مواظب باشن اگه یکی قاتی کرد و فحش داد، سر و صداش رو بخوابونن نذارن مردم جمع شن شعار بِدن.

صحنه‌ی پنجم: زنی کنار خیابان گریه می‌کرد

ناهید: اون زنه کی بود دی‌روز توی ماشین‌ت. اون زنه کی بود مه‌یار تلفن نکرد ... تو چرا ساکتی؟

بابک: چی بگم؟

ناهید: یه حرفی بزن.

بابک: گشنه‌مه.

ناهید: مرسی از این که یه حرفی زدی.

بابک: خواهش می‌کنم.

ناهید: بابک، به نظر تو هیچ‌چی عوض نشده؟ تو خیلی عادی رفتار می‌کنی. یعنی تو واقعن هیچ حرفی نداری؟ تو از بیرون اومدی. خب، بیرون چه خبر بود؟ خیابون‌ها شلوغ بود؟ خلوت بود؟ اون زنه کی بود؟ خیلی حرف‌ها می‌تونی بزنی. فقط این‌طور ساکت نشین. اون زنه کی بود دی‌روز توی ماشین‌ت؟

بابک: خیابون‌ها خلوت بود.

ناهید: خب؟

بابک: تو اول یه تلفن کن به مادرم.

ناهید: بذار مه‌یار تلفن کنه خیال مامان راحت بشه بعد. اشکالی نداره که؟

بابک: نه.

ناهید: خب حرف بزن. ادامه بده.

بابک: خب، خیابون‌ها تقریبن خلوت بود ... یه زن کنار خیابون گریه می‌کرد.

ناهید: چرا گریه می‌کرد؟

بابک: پرسیدن داره؟ خب، ترسیده بود دیگه.

ناهید: خب؟

بابک: من هم سوارش کردم.

ناهید: تو سوارش کردی!

بابک: من سوارش کردم.

ناهید: بیا. اگه مجبورت نمی‌کردم حرف بزنی، اصلن نمی‌گفتی. خب، سوارش کردی. ادامه بده.

بابک: ادامه بدم؟

ناهید: ادامه بده.

بابک: رسوندم‌ش در خونه‌ش.

ناهید: رسوندی‌ش در خونه‌ش؟

بابک: رسوندم‌ش در خونه‌ش.

ناهید: و اون مدام گریه می‌کرد؟

بابک: آره.

ناهید: چند سال‌ش بود؟

بابک: چند سال‌ش بود؟

ناهید: چند سال‌ش بود؟

بابک: نمی‌دونم.

ناهید: حالا یه حدسی بزن.

بابک: حالا یه حدسی بزنم؟

ناهید: خوش‌گل بود؟

بابک: آره، خوش‌گل بود.

ناهید: خب، ادامه بده.

بابک: ادامه بدم؟

ناهید: ادامه بده.

بابک: ادامه نداره.

ناهید: ادامه نداره؟

بابک: ادامه نداره. رسوندم‌ش در خونه‌ش.

ناهید: همین؟

بابک: همین.

ناهید: روی صندلی جلو نشسته بود؟

بابک: پشت. سوال بعدی؟

ناهید: دیروز مهتاب تو رو توی خیابون سنایی دیده. می‌گفت یه زن هم کنارت نشسته بود.

بابک: خب؟

ناهید: خب؟

بابک: بهار باهام بود.

ناهید: بهار باهات بود؟

بابک: بهار باهام بود.

ناهید: ولی اون‌جور که مهتاب نشونی اون زن رو داد اصلن با بهار نمی‌خونه.

بابک: تو من رو کشوندی این‌جا با هم دعوا کنیم؟

ناهید: ما دعوا نمی‌کنیم. من فقط می‌خوام بدونم اون زن کی بود. نکنه اون هم توی خیابون گریه می‌کرد و تو هم دلت سوخت، رسوندی‌ش در خونه‌ش؟

بابک: ببین، تو الان داری گیر می‌دی. داری...

ناهید: یعنی چه؟ من فقط می‌خوام...

بابک: من هنوز حرف‌م تموم نشده. هنوز حرف‌م...

ناهید: خیلی خب، چی می‌خوای بگی؟

بابک: من فقط گفتم یکی رو که داشت گریه می‌کرد سوار کردم، ولی تو...

ناهید: این رو به یکی بگو که تو رو نشناسه. تو مخصوصن...

بابک (در میان حرف ناهید): من هنوز حرفم تموم نشده. من اصلن نمی‌شنوم تو چی می‌گی، چون هنوز حرفم تموم نشده...

ناهید: تو مخصوصن ماجرای اون زن رو تعریف کردی که من حسودی کنم.

بابک: اصلن حرف زدن با تو سخته. من واقعن نمی‌تونم با تو راحت حرف بزنم. قبل از حرف‌زدن باید سبک سنگین کنم چون نمی‌دونم از حرفام چه برداشتی می‌کنی. هیچ وقت نمی‌تونم رک و راست و راحت حرف بزنم. ببین، همین الان که دارم حرف می‌زنم تو جور به‌خصوصی داری نیگام می‌کنی و سرت رو با حالت عصبی تکون می‌دی.

ناهید: من جور به‌خصوصی نیگات نمی‌کنم. داری چرند می‌گی.

بابک: سرت رو که تکون می‌دادی.

ناهید: یعنی چه! من حق ندارم سرم رو تکون بدم؟

بابک: ببین، من نیومدم این‌جا که با هم دعوا کنیم

ناهید: ما که الان با هم دعوا نمی‌کنیم.

بابک: ما دعوا نمی‌کنیم؟

ناهید: ما دعوا نمی‌کنیم.

بابک: ببین، اگه خیلی ناراحتی، من همین الان از این‌جا برم؟

ناهید: یعنی چه! من که ازت عذرخواهی کردم.

بابک: عذرخواهی کردی که بیام شوفاژ این‌جا رو راه بندازم دیگه.

ناهید: خیلی بی شعوری بابک.

(صدای انفجار.)

(بابک از بطری بغلی خود جرعه‌ای می‌نوشد. صحنه تاریک می‌شود.)

صدای زن: اون‌وقت‌ها از ترس کمیته کی جرئت می‌کرد بغلی داشته باشه؟ بابای خودم عرق‌ش رو می‌ریخت توی شیشه‌شیر بچه. یادمه عید رفتیم انزلی، بابام رفت بیرون و یه ساعت دیگه با یه کیسه فریزر برگشت. یه ماهی قرمز توی کیسه فریزر بود که من فکر کردم مرده. نگو ماهی واقعی نیست. پلاستیکی بود. عرق‌فروشا برای این‌که ماмورا نفهمن عرق رو می‌ریختن توی کیسه فریزر و یه ماهی پلاستیکی قرمز می‌انداختن تو کیسه.

(صحنه روشن می‌شود. بابک شیشه‌شیر بچه در دست دارد. از شیشه‌شیر جرعه‌ای می‌نوشد.)

(مادر شتابان می‌آید تو.)

مادر: چرا گوشی رو برنمی‌دارین؟ (گوشی را برمی‌دارد.) الو؟ الو؟

ناهید: تلفن که زنگ نزد مامان.

مادر: من خودم شنیدم زنگ زد.

ناهید: تو چرا رنگ‌ت پریده؟

مادر: تلفن زنگ زد. من خودم شنیدم. مگه زنگ نزد بابک جان؟

بابک: نه.

مادر: وا!

(ناهید دست بر پیشانی مادر می‌گذارد.)

ناهید: مامان، تو تب داری. باید ببریمت دکتر.

مامان: دلم شور می‌زنه. مهیار چرا تلفن نکرده؟ بچه‌م تلفن نکرده.

ناهید: تلفن می‌کنه. حالاست که تلفن کنه.

مادر: تو بدجور باهاش حرف زدی. من خودم بدجوری باهاش حرف زدم.

ناهید: بابک، حال مامان اصلن خوب نیست. باید ببریمش دکتر.

بابک: ترسیده.

ناهید: دکتر.

مادر: من از جام تکون نمی‌خورم. تا مهیار نیاد من از این‌جا تکون نمی‌خورم.

بابک: می‌ترسه.

مادر: نمی‌خورم.

ناهید: مامان، بچه نشو. تو تب داری.

مادر: همین که گفتم. من از جام تکون نمی‌خورم.

بابک: خب، من می‌رم براش قرص تب‌بر می‌خرم.

ناهید: قرص تب‌بر داریم. اما من می‌خوام ببریمش دکتر.

مادر: من هیچ‌جا نمی‌آم باهاتون. همین‌جا می‌مونم تا مهیار بیاد. شما برید. من می‌مونم. من از این‌جا تکون نمی‌خورم.

بابک: خب، برو قرص رو بیار.

(ناهید برای مادر قرص و یک لیوان آب می‌آورد.)

صدای زن: اگه یادت باشه یه مدتی موشک‌باران قطع شد. ما از شمال برگشتیم، چند روز بعدش باز شروع شد. مامان به همه‌ی ما قرص خواب‌آور داد که سر و صدای موشک‌باران بیدارمون نکنه. بابام مخالف بود. مامان گفت می‌خوام بچه‌ها راحت بخوابن. حتا بابا رو هم قانع کرد قرص خواب بخوره. فرداش باز راه افتادیم رفتیم شمال.

مادر: خدا مرگم بده. من چند شب پیش خواب خدابیامرز بابات رو دیدم. حالا یادم اومد. خواب دیدم من و مهیار از سر کوچه قبلی داشتیم می‌اومدیم خونه، بابات رو توی راه دیدیم. بابات بهم لبخند زد. من با چادرم صورتم رو خوب پوشوندم و از کنارش رد شدم، اما مهیار باهاش دست داد و دو تایی دور شدن. (با نگرانی:) ناهید.

ناهید: مامان، تو باید استراحت کنی. هر وقت مهیار تلفن کرد من صدات می‌کنم.

(ناهید مادر را به اتاق دیگر می‌برد. بابک گوشی تلفن را برمی‌دارد و شماره‌ای می‌گیرد.)

بابک: سلام.

بابک: دیگه سکه نداشتم. حال بابامامان چه‌طوره؟

بابک: هنوز به این سر و صداها عادت نکردین؟

بابک: دو تا قرص خواب بخورین راحت بخوابین.

بابک: نترس، تو تا همه‌ی ما رو خاک نکنی نمی‌میری.

بابک: قرص خواب بخور بگیر بخواب. (ناهید وارد می‌شود.) گوشی رو بده مامان، ناهید می‌خواد باهاش حرف بزنه. سلام مامان! گوشی.(گوشی را به سوی ناهید می‌گیرد. نور صحنه خاموش می‌شود.)

(تاریکی.)

صدای زن: می‌دونستی حدود دویست هزار نفر توی جنگ ایران و عراق کشته شده‌ن؟

صدای مرد: برو بالاتر.

صدای زن: من همین الآن گوگل کردم. ببین. حدود دویست هزار نفر.

صدای مرد: این گزارش فقط کشته‌شده‌های ایرانی رو آدم حساب کرده. تعداد کشته‌شده‌های ایرانی و عراقی با هم حدود چهارصدوپنجاه هزار نفر بوده. تازه این آمار رسمی‌ه که معمولن دروغ‌ه. طبق گزارش گاردین حدود یک میلیون ایرانی و حدود پونصد هزار نفر عراقی کشته شده‌ن. من این گزراش رو بیش‌تر باور می‌کنم. فکرش رو بکن. این همه آدم به‌خاطر لجاجت سیاست‌مدارهای دو تا کشور بی‌خود و بی‌جهت کشته‌شدن.

صدای زن: چرا مکان نمایش‌نامه‌ت تهران‌ه؟

صدای مرد: کجا باشه پس؟

صدای زن: دزفول. این رو گوش کن. البته نمی‌دونم تا چه حد اطلاعات این درست‌ه.

صدای مرد: مهم نیست.

صدای زن: نخونم؟

صدای مرد: نه، منظورم این‌ه که خیلی مهم نیست حتمن درست باشه. بخون.

صدای زن (می‌خواند): مردم دزفول در مجموع دو هزار و دویست و نود و یک روز مورد حمله‌های موشکی عراق قرار گرفتند. دزفول شهری که صد و هفتاد و شش موشک شش، نه و دوازده متری و دو هزار و پانصد گلوله توپ و سی‌صد راکت پیکر استوارش را مجروح کرد و نوزده هزار واحد مسکونی و اداری‌اش را تخریب کرد. حالا بِه‌تر نیست مکان نمایش‌نامه‌ت دزفول باشه؟

صدای مرد: نه.

صدای زن: حمله‌ی موشکی به تهران فقط پنجاه روز بود. از ده اسفند تا آخر فروردین. اصلن می‌دونی چند نفر توی موشک‌باران تهران کشته شدن؟

صدای مرد: حدودهای چهارصد نفر.

صدای زن: این‌جا نوشته حداقل چهارصد و چهل و دو نفر.

صدای مرد: آره. آره.

صدای زن: خیلی کمه.

صدای مرد: چهارصد نفر کمه؟

صدای زن: من فکر می‌کردم خیلی بیش‌تر باشه. با توجه به جمعیت تهران آره خیلی کمه.

صدای مرد: اگه عراق مدام تهران رو نمی‌زد صلح نمی‌شد، حالا هرچه‌قدر هم که دزفول رو می‌زدن. موشک‌باران تهران باعث صلحِ شد.

صدای زن: تو می‌دونستی مجسمه‌ی میدون مادر توی میرداماد ربط به موشک‌باران داره؟

صدای مرد: نه.

صدای زن: دیدی که مجسمه یه بچه توی شکمش داره؟

صدای مرد: آره.

صدای زن: مربوط می‌شه به یه خانوم بارداری که سال شصت‌وهفت توی موشک‌باران تهران توی میدون محسنی کشته شد، یه خانمی به اسم طاهره حدادنژاد متولد ۱۳۳۸ بندرانزلی که هفت‌ماهه آبستن بود.

صحنه‌ی ششم: نه و بیست‌وپنج

(بابک و ناهید کتاب‌هایی را که از توی کارتن بیرون آورده‌اند ورق می‌زند. بعضی از کتاب‌ها را انتخاب می‌کنند و روی زمین می‌گذارند. بعضی از کتاب‌ها را هم داخل کارتن می‌گذراند.)

بابک: خیلی زور داره آدم بمیره یه مدت بعد صلح بشه.

ناهید: تو می‌خوای چیزی به‌م بگی؟

بابک: نه.

ناهید: حرف بزن بابک. شاید این آخرین حرفی باشه که بین ما رد و بدل می‌شه.

بابک: خیلی زور داره آدم بمیره یه مدت بعد صلح بشه.

ناهید: ما رد و بدل می‌شه.

بابک: حرفی ندارم.

ناهید: ام‌روز چندمه؟

بابک: دهم.

ناهید: بیا، بیست روز دیگه عیده...

بابک: نوزده.

ناهید: چی؟

بابک: نوزده روز دیگه.

صدای زن: برای این بابک یه فکری بکن. خیلی یه جوریه.

(بابک کارتنی را بلند می‌کند و به سوی در خروجی می‌رود.)

ناهید: کجا داری می‌ری؟

بابک: این رو بذارم توی انباری.

ناهید: نه. الان نمی‌خوام بری جایی.

(بابک به سوی در خروجی می‌رود.)

ناهید: دلم می‌خواد این‌جا باشی. بیا همین‌جا رو مرتب کنیم.

(بابک کارتن را دم در خروجی می‌گذارد.)

ناهید: ساعت چنده؟

بابک: نه و بیست‌وپنج.

(هر دو سرگرم مرتب کردن هستند. ناهید می‌خواهد در یک قوطی را باز کند اما نمی‌تواند.)

ناهید: الان حالت رو می‌گیرم.

(باز هم سعی می‌کند ولی نمی‌تواند درِ قوطی را باز کند.)

ناهید: بیا در این رو باز کن من زورم نمی‌رسه.

بابک: آره، تو زورت فقط به من می‌رسه.

ناهید: کاش این‌طور بود.

بابک: این‌ها رو کجا بذارم؟

ناهید: بذارشون توی اتاق خودمون، بعد خودم چیزمیزاش رو می‌ذارم سر جاش...مرسی.

(بابک به آن اتاق می‌رود. کمی بعد صدای ترانه از آن اتاق به گوش می‌رسد. بابک وارد می‌شود. ضبطی در دست دارد.)

بابک: کنار وسایل مه‌یار بود.

(بابک از شیشه‌شیر بچه جرعه‌ای عرق می‌نوشد. ناهید به بابک نزدیک می‌شود. صدای ضبط را کم می‌کند.)

ناهید: یه چیزی بگم به‌م نمی‌خندی؟

بابک: نه.

ناهید: یه جمله‌ی قشنگ به‌م بگو.

بابک: به‌زودی صلح می‌شه.

(بابک لب‌خند می‌زند. صدای ضبط را کمی بلند می‌کند.)

ناهید: قبل از اومدنت توی یکی از کارتن‌ها نامه‌هایی رو پیدا کردم که تو قبل ازدواج برام نوشته بودی. اصلن باورم نمی‌شد اون نامه‌ها رو تو نوشتی. (ناهید صدای ضبط را کم می‌کند) تو اون‌وقت‌ها خیلی حرف‌های قشنگ برام می‌نوشتی و من یادم نبود. به‌خصوص نامه‌هایی که دوره‌ی سربازی برام نوشتی، مطمئن‌م خودت هم باورت نشه که نوشته‌ی توئه. نوشتی وقتی از هم خداحافظی کردیم و من ازت دور شدم گریه‌ت گرفت. اون‌وقت‌ها بلد بودی گریه کنی. بلد بودی حرف‌های قشنگ بزنی.

صدای مرد: چرا می خندی؟

صدای زن: خوش‌حال‌م که دارم می‌بینم اون روز به حرف‌هام گوش می‌دادی. مرسی. فکر می‌کردم فقط داری نیگام می‌کنی و حواس‌ت مثل همیشه یه جای دیگه هست.

صدای مرد: مثل همیشه؟

صدای زن: تو بیش‌تر وقت‌ها که من دارم حرف می‌زنم اصلن حواس‌ت به من نیست.

ناهید: هم خداحافظی کردیم و من ازت دور شدم گریه‌ت گرفت. اون‌وقت‌ها بلد بودی گریه کنی. بلد بودی حرف‌های قشنگ بزنی. تو خیلی عوض شدی بابک. مثلن به‌ت برنخوره‌ها، تو تازه‌گی‌ها هیچ‌وقت به‌خاطر کاری که برات انجام می‌دم ازم تشکر نمی‌کنی. اون‌وقت‌ها که لباس‌هات رو اتو می‌کردم به‌م می‌گفتی دست‌ت درد نمی‌کنه ولی الان هیچ‌چی نمی‌گی. انگار وظیفه‌م‌ه لباس‌هات رو اتو کنم. می‌تونی مثل اول‌ها به‌م بگی دست‌ت درد نکنه. این جمله‌ی قشنگی‌ه. اول‌ها بلد بودی بگی.

بابک: دست‌ت درد نکنه.

ناهید: برای چی؟

بابک: برای همه‌ی وقت‌هایی که نگفتم.

ناهید: داری مسخره‌م می‌کنی؟

بابک: مگه نمی‌خوای از این به بعد به‌ت جمله‌های قشنگ بگم؟

ناهید: ولی تو یه جور مسخره‌ای گفتی.

بابک (با لحنی تند): مگه تو نگفتی حرف‌های قشنگ به‌ت بگم؟

(صدای انفجار. صدای جیغ زنی از خانه‌ی هم‌سایه و سپس صدای

سازدهنی از همان‌جا. بابک سوی ناهید می‌رود. هم‌دیگر را درآغوش می‌گیرند.)

ناهید: بدتر از مرگ اینه که آدم زیر آوار زنده بمونه و تا آخر عمر معلول و معیوب زنده‌گی کنه. تو نمی‌ترسی؟

بابک: نه.

ناهید: یعنی می‌خوای بگی اصلن نمی‌ترسی؟

بابک: نه.

صدای زن: تو نمی‌ترسیدی؟

صدای مرد: خیلی می‌ترسیدم؛ ولی خجالت می‌کشیدم کسی بفهمه.

صدای زن: چرا؟

صدای مرد: با خودم می‌گفتم ترس کمکی بهم نمی‌کنه؛ پذیرفته بودم که می‌میرم. با خودم می‌گفتم همه‌ی آدم‌ها یه روز می‌میرن، من هم اگه قرار باشه بمیرم می‌میرم حالا هر جا که باشم. اما بعد فکر می‌کردم آخه این جور الکی مردن! این جور اتفاقی مردن! زیر لب می‌گفتم آخه من هنوز زنده‌گی نکرده‌م. من هنوز اون طور که می‌خوام زنده‌گی نکرده‌م. فکر می‌کردم اگه بمیرم آب از آب تکون نمی‌خوره. نبودنم اصلن توی دنیا حس نمی‌شه، انگار که اصلن وجود نداشته‌م. حس می‌کردم وجودم اصلن ضروری نیست برای همین از دست خودم خیلی عصبانی بودم.

صدای زن: تو هنوز هم ترس‌ت رو کنترل می‌کنی. ولی من ترسم رو نشون می‌دادم. وقتی ترسم رو کنترل می‌کنم تپش قلبم بیش‌تر می‌شه. تو کار بدی می‌کنی. چرا سعی نمی‌کنی مثل آدم رفتار کنی؟

صدای مرد: ادامه‌ش رو می‌خونی؟

صدای زن: مثل اینه که آدم عطسه‌ش رو کنترل کنه، سرفه‌ش رو کنترل کنه.

صدای مرد: ادامه‌ش رو نمی‌خونی؟

صدای زن: قول بده دیگه ترس‌ت رو کنترل نکنی.

صدای مرد: نمی‌خوای ادامه‌ش رو بخونی؟

صدای زن: قول بده.

صدای مرد: قول می‌دم.

ناهید: معیوب زنده‌گی کنه. تو نمی‌ترسی؟

بابک: نه.

ناهید: یعنی می‌خوای بگی اصلن نمی‌ترسی؟

بابک: نه.

(بابک گوشی تلفن را برمی‌دارد و شماره‌ای می‌گیرد.)

بابک: سلام. خوب‌ین؟

بابک: خواب بودین؟

بابک: قرص خواب نخوردین؟

بابک: نمی‌تونیم بیایم اونجا. مه‌یار هنوز نیومده.

بابک: هر بار جایی رو زدن بهتون زنگ می‌زنم.

بابک: دیگه بیش‌تر از این نمی‌شه حرف بزنم. این‌جا منتظر تلفن مه‌یاریم.

بابک: تا بعد.

(گوشی تلفن را می‌گذارد.)

ناهید: دل‌م خیلی شور مه‌یار رو می‌زنه. می‌ترسم زبان‌م لال بلایی سرش اومده باشه.

بابک: شاید دیگه سکه نداره زنگ بزنه.

ناهید: چرا نمی‌آد خونه؟ (لحظه‌ای سکوت.) ساعت چنده؟

بابک: نه و بیست‌وپنج. (لحظه‌ای سکوت.) همین‌که مه‌یار تلفن کرد بپرس کجاست بریم برش داریم بریم بیرون از شهر.

ناهید: تو هم می‌ترسی. آره. از نگاه‌ت پیداست. چرا ترس‌ت رو پنهان می‌کنی؟ چرا راحت ترس‌ت رو نشون نمی‌دی؟ وقتی ترس‌ت رو پنهان می‌کنی حس نمی‌کنی تپش قلب‌ت بیش‌تر می‌شه؟ قلب‌ت گناه داره بابک.

بابک: آره خیلی.

ناهید: داره بابک. از بچه‌گی تو مخ‌ت فرو کرده‌ن مرد که نمی‌ترسه. مرد که گریه نمی‌کنه. آره؟

بابک: یه زنگ کوچولو بزنم حال جیمی رو بپرسم.

(بابک گوشی تلفن را برمی‌دارد و شماره‌ای می‌گیرد.)

بابک: سلام جیمی!

بابک: زنگ زدم اگه زنده‌ای شماره‌ی خونه‌ی جدیدمون رو بدم به‌ت.

بابک: نگران نیستم. دیگه آخرهاشه.

بابک: شرط می‌بندم.

بابک: شرط ببندیم؟

بابک: حالا که تهران رو می‌زنن، مطمئنم خیلی زود صلح می‌شه. حالا ببین.

بابک: کی می‌رین؟

بابک: ناهید! جیمی‌این‌ها دارن می‌رن شمال.

بابک: شاید ما هم اومدیم.

(مادر وارد می‌شود.)

مادر: ناهید.

ناهید: چی‌ه مامان؟

بابک: جیمی! باید تلفن رو قطع کنم. این‌جا منتظر تلفنَن. شماره رو می‌نویسی؟

بابک: ۸۴۹۴۲۲.

بابک: تا بعد. (گوشی را می‌گذارد.)

مادر: نکنه خوابم تعبیر شه ناهید؟ من می‌ترسم. بچه‌م تلفن نکرده.

ناهید: تلفن کرد مامان. من دلم نیومد از خواب بیدارت کنم. مهیار تلفن کرد، مگه نه بابک؟

بابک: نه.

ناهید: مگه نه بابک؟

بابک: آره. من به ناهید گفتم بیدارتون کنه، اما ناهید گفت بِهتره استراحت کنین.

ناهید: گفت می‌آد خونه.

(مادر احساس می‌کند که آن‌ها دروغ می‌گویند، اما اکنون او به باور این حرف نیازمند است. ناهید را بغل می‌کند و می‌خواهد حرفی بزند اما نمی‌تواند.)

ناهید: مامان، لازم نیست حرفی بزنی. مهیار تلفن کرد. (صدای در) بیا، این هم مهیار.

(مادر در را باز می‌کند. زن و مردی پشت در هستند.)

زن: ببخشید....

(مادر که می‌بیند مهیار نیست، پا پس می‌کشد. بابک و ناهید به سوی در می‌روند.)

ناهید: بفرمایید.

زن: ببخشید. ما همسایه‌ی طبقه بالای شما هستیم. اجازه می‌دین کمی با شما باشیم؟

ناهید: خواهش می‌کنم، بفرمایید تو.

(زن و مرد وارد می‌شوند. زنی جوان و مردی میان‌سال. زن باردار است. مرد سرش خمیده به پایین است و اندکی قوز دارد. در دستی یک خروس و در دست دیگرش خودکار و چند تکه کاغذ دارد. به بابک نزدیک می‌شود و کاغذی به او می‌دهد.)

ناهید: بفرمایید بشینید.

زن: مرسی. خیلی ببخشید، مثل این‌که بدموقع مزاحم شدیم.

ناهید: نه. نه. برادرم هنوز نیومده، مادرم نگران‌شه.

بابک (بعد از خواندن کاغذ): سلام.

زن (گمان می‌کند بابک به او سلام گفته است.): سلام.

بابک (به زن): سلام.

(صدای زنگ تلفن. مادر گوشی را برمی‌دارد.)

مادر: بله؟

مادر: اشتباه گرفتین.

(گوشی را می‌گذارد و همان‌جا پای تلفن می‌نشیند.)

زن: ما توی خونه تنها بودیم. هر چی منتظر شوهرم موندم نیومد. تا یه ساعت پیش باید می‌اومد. دیگه نمی‌تونستیم توی اون خونه منتظر بمونیم. تا یه ساعت پیش باید می‌اومد.

ناهید: کاش یه یادداشت برای شوهرتون می‌نوشتین که این‌جایین.

زن: بله، یه کاغذ چسبوندم روی در خونه‌مون...من پروانه هستم. این آقا هم سهیل، برادرشوهرم.

(سهیل مطلبی را که روی یک تکه کاغذ نوشته به پروانه می‌دهد.)

پروانه: ببخشید خانوم، دست‌شویی کجاست؟

بابک: من نشون‌شون می‌دم.

پروانه: خیلی ممنون.

(پروانه خروس را از سهیل می‌گیرد.)

پروانه: اگه صدای این خروس شما رو اذیت کرده، خیلی باید ببخشید. سهیل فقط دو سه روز این‌جاست. بعد می‌ره خونه‌ی خودشون. تنها دل‌خوشی‌ش همین خروسه. شوهرم می‌گه سهیل از بچه‌گی خروس داشته. هر بار خروس‌ش مرده، یکی واسه‌ش خریدن. قبل از شما یه زن و شوهر دانش‌جو این‌جا زنده‌گی می‌کردن. یه پسربچه هم داشتن که عاشق این خروس بود. وای، چه بچه‌ای، خیلی شیطون بود. هر وقت سهیل می‌اومد خونه‌مون، این بچه در خونه‌مون رو می‌زد ببخشید، اجازه می‌دین من یه تلفن به محل کار شوهرم بزنم؟

ناهید: بفرمایید خواهش می‌کنم.

پروانه: تلفن ما قطعه. (شماره می‌گیرد.) نه، کسی گوشی رو برنمی‌داره. (شماره‌ای دیگری می‌گیرد)

ناهید: محل کار شوهرتون کجاست؟

پروانه: بیست‌وپنج شهریور. شما می‌دونین کجاها بمب‌باران شده؟

ناهید: نه.

پروانه: الو، سلام.

پروانه: چی‌کار می‌تونستم بکنم؟ تلفن ما رو قطع کردن بی‌پدرمادرها. از خونه‌ی هم‌سایه دارم زنگ می‌زنم. بابامامان حال‌شون خوبه؟ گوشی رو بده مامان.

پروانه: سلام مامان.

پروانه: آره مامان.

پروانه: سیروس هنوز نیومده، خیلی دلم شـور می‌زنه.

پروانه: آره. کسی گوشی رو برنمی‌داره.

پروانه: آخه تا یک سـاعت پیش باید می‌اومد. تو نمی‌دونی کجاها بمب خورده؟

پروانه: شماها چرا اون بالایین پس؟ چرا نمی‌رین پایین توی انباری؟ گوشی رو بده به پری‌سا.

پروانه: شما چرا نمی‌رین توی انباری؟ خب، برین پناه‌گاه. اطراف شما حتمن یه پناه‌گاه هست.

پروانه: خیلی خب. همین حالا پاشین برین پناه‌گاه.

پروانه: آخی. الهی بمیرم.

پروانه: الهی بمیرم.

پروانه: دیگه نگو. نمی‌خوام بشنوم.(سهیل از جای خود برمی‌خیزد، می‌رود در ورودی را باز می‌کند و گوش می‌سپارد. گمان می‌کند برادرش امده است. اما صدایی نمی‌شنود و برمی‌گردد سر جای خود می‌نشیند.) پری‌سا! اگه مامان سیروس تلفن کرد، نگی سیروس نیومده.

پروانه: شماره‌ی این‌جا رو می‌دم شما زنگ بزنین.

پروانه: یه لحظه گوشی. ببخشید، اجازه هست شماره‌ی شما رو بدم به خواهرم که زنگ بزنه؟

ناهید: بله حتمن. ۸۴۹۴۲۲.

پروانه: یادداشت می‌کنی پریسا؟

پروانه: ۸۴۹۴۲۲.

پروانه: ۹۴۲۲.

پروانه: آره بیست‌ودو. دو. خب من دیگه خداحافظی می‌کنم، این‌جا منتظر تلفن‌ن. خداحافظ.

(دوباره شماره‌ی محل کار همسرش را می‌گیرد. کسی از آن‌سو گوشی را برنمی‌دارد. پروانه گوشی را می‌گذارد. سهیل چیزی می‌نویسد و به پروانه می‌دهد: به خونه‌ی مادرم این‌ها زنگ بزن.)

پروانه: نه سهیل جان. اگه زنگ بزنم می‌فهمه سیروس نیومده نگران می‌شه.

(سهیل جمله‌ای دیگر می‌نویسد و به پروانه می‌دهد: کجا رو بمب‌بارون کردهن؟)

پروانه: جمال‌زاده. (به ناهید) خواهرم، جمال‌زاده‌ی شمالی می‌شینه. می‌گه یه موشک خورد اون نزدیک‌ها.

مادر: ناهید!

ناهید: بله مامان!

مادر: مه‌یار که اون‌طرف‌ها نرفته بود.

ناهید: نه مامان جان!

مادر: خدا رو شکر!

پروانه: خورده به یه خونه‌ی پر از بچه. توی یه خونه‌ای اون‌طرف‌ها جشن تولد

گرفته بودند و پر بچه بود، موج انفجار شیشه‌ها رو خرد کرده و خیلی‌هاشون زخمی شدن. پس بگو چرا آژیر نمی‌کشن. دارن از خود عراق موشک می‌ندازن. خانوم، من این موشک آخری رو دیدم. من دیدم. نمی‌دونستم موشکه. فکر می‌کردم بمبه. پشتش آتیش بود. از باکش جدا شد رفت پایین...خانوم، این شهر امنیت نداره. دیگه امنیت نداره. هیچ امنیت نداره. زمان بمب‌باران لااقل دلمون به این خوش بود که آژیر می‌کشن و می‌دونیم چه خاکی به سرمون کنیم. الان که دیگه از آژیر هم خبری نیست. این شهر هم که ماشاءالله یه ذره دو ذره نیست. اون بی‌پدرمادرها موشک رو بدون نشونه‌گیری هم که پرتاب کنن حتمن به یه جای این شهر می‌خوره. هر کی با ننه‌ش قهر کرده بلانسبت شما از شهرش پا شده اومده این‌جا. خانوم، به قرآن، من از این شهر نفرت دارم. من نمی‌دونم توی این شهر چی هست که همه راه می‌افتن می‌آن این‌جا. من بارها به شوهرم گفتم بیا از این شهر بریم. لازم نیست حتمن موشک بزنن تا آدم مرگ رو حس کنه. ما همین که داریم هوای کثیف این‌جا رو تنفس می‌کنیم خودش قدم به قدم نزدیک‌شدن به مرگه.

(هم‌چنان که پروانه دارد حرف می‌زند، سهیل نوشته‌ای به بابک داده است.)

بابک (در میان حرف پروانه): توی اثاث کشی خراب شده.

پروانه: بله؟

بابک: به ایشون گفتم تلویزیون توی اثاث‌کشی خراب شده.

پروانه: چه بهتر! این تلویزیون که یا هیچ‌چی نمی‌گه، اگر هم بگه دروغ می‌گه! همین الان بالا بودیم دیگه. اصلن انگار نه انگار. حالا اگه این توی یه کشور دیگه اتفاق افتاده بود هر دو تا کانال دم‌به‌ساعت نشونش می‌دادن. سهیل اخبار رو خیلی دوست داره. همین الان خیلی خوب می‌دونه که توی دنیا چه خبره. (سهیل برمی‌خیزد و به سوی در می‌رود.) سیروس اومده؟...داداشت اومده؟

(سکوت. سهیل برمی‌گردد و کنار بابک می‌نشیند.)

پروانه: خانوم، من بارها و بارها به شوهرم گفتم بیا بریم شمال. اصلن بریم کردان. ما اون‌جا باغ آلبالو داریم. فقط از این شهر کثیف بریم بیرون. این‌جا بی‌خود و بی‌جهت داریم کلی کرایه‌خونه می‌دیم، همه چی هم گرون. هوا هم کثیف! هوا هم کثیف!

(سهیل در این میان نوشته‌ای به بابک داده و از او سیگار می‌پرسد سیگار دارد یک نخ به او بدهد؟)

بابک: آره. آره.

پروانه: دیگه من کوتاه نمی‌آم. ما این خونه رو تا آخر اردی‌بهشت کرایه کردیم. دیگه اجازه نمی‌دم توی این شهر خونه اجاره کنه. اصلن باید بریم شمال. حیف نیست هوای شمال. هوای پاکیزه، همه جا سبز. همه جا سبز. حالا که اوضاع این‌جوری شده، دیگه هیچ حرفی قانعم نمی‌کنه. ما باید از این شهر بریم. این‌جا دیگه امنیت نداره. اگه این‌جا بمونیم می‌میریم. جون‌مون رو که از سر راه پیدا نکردیم. شاید عراق بخواد این‌جا رو با خاك یك‌سان کنه.

ناهید: می‌گم همه‌گی بریم پایین توی شوفاژخونه.

پروانه: نه، من اون‌جا موش دیدم. جای کثیفی‌ه. به‌خاطر این بچه می‌گم. راه‌ش فقط این‌ه که از این‌جا بریم.

(در این میان بابک سیگاری را برای سهیل روشن کرده و به او داده است. سهیل با احتیاط پک می‌زند. پروانه بوی سیگار را حس می‌کند و به سوی سهیل برمی‌گردد.)

پروانه: نه، سهیل جان، شما خیلی سیگار کشیدی. دیگه بس‌ه. سیگار رو خاموش کن. توی همین چند ساعت یه پاکت سیگار خودش رو تموم کرده. مرسی سهیل جان، خاموش کن. (سهیل سیگارش را خاموش می‌کند.) مرسی. مرسی. مرسی. مرسی... سهیل صدا شنیدم. شاید سیروس اومده. ببین سیروس‌ه؟

(سهیل از جای خود برمی‌خیزد و در را باز می‌کند، گوش می‌سپارد. خبری نیست. برمی‌گردد.)

پروانه: باید همین امشب از این‌جا بریم. اصلن خانوم، شما رو به قرآن، با وضعی که من دارم این‌جا موندن کار اشتباهی نیست؟ به‌خاطر بچه‌مون هم که شده ما باید از این شهر بریم. (سهیل نوشته‌ای به پروانه می‌دهد.) نه، سهیل جان، جاش نیست. (به ناهید) من خودم توی یه کتاب خوندم بچه از همین حالا که توی شکم مادر هست، گریه‌کردن رو شروع می‌کنه، می‌خنده، می‌ترسه. می‌ترسه. می‌ترسه. می‌ترسه. وای! من خیلی نگران این بچه هستم. لابد الان حسابی ترسیده. شاید الان داره گریه می‌کنه. من که نمی‌فهمم، تازه اگر هم بفهمم، کاری از دستم برنمی‌آد. چه‌قدر به‌ش گفتم من هنوز صلاحیت ندارم بچه‌دار بشم، هنوز آماده‌گی ندارم، هنوز وقتش نیست. من الان نمی‌دونم چه‌کار باید کرد. (سهیل نوشته‌ای به پروانه می‌دهد، اما پروانه بی‌آن‌که نوشته را بخواند به حرفش ادامه می‌دهد.) من تنها کاری که می‌تونم بکنم اینه که وقتی شوهرم اومد به‌ش بگم همین امشب از این شهر بریم بیرون. آخه بچه‌ای که در هم‌چین موقعیتی بخواد به دنیا بیاد مگه ممکنه سالم باشه؟ مگه ممکنه؟ من باید از این سر و صدا دور باشم. اگه من در موقعیت بدی باشم این روی شخصیت بچه اثر می‌ذاره. آره، هر چه زودتر باید از این‌جا رفت. همین‌که بیاد به‌ش می‌گم بریم کردان.

(در این میان سهیل نوشته‌ای به بابک داده است و در آن از او ساعت پرسیده است. بابک به ساعتش نگاه می‌کند.)

بابک: نه و بیست‌وپنج دقیقه.

پروانه: شما هم تو رو خدا با ما بیایید. به قرآن، این‌جا موندن اشتباهه. موندن اشتباهه. اصلن همین الان پا شیم این‌جا رو مرتب کنیم که وقتی شوهرم اومد شما هم با ما بیاین بریم کردان.

ناهید: شما رو به خدا بشینین. شما نباید کار کنین.

پروانه: ولی من دوست دارم کاری بکنم. اصلن توی این اوضاع آدم باید کاری بکنه. توی این اوضاع آدم باید کاری بکنه. آدم باید (نوشته‌ی سهیل را

می‌خواند.) نه، سهیل جان، بذار برای یه وقت دیگه. شما رو به قرآن، فقط به‌م بگید من چی کار بکنم. وسایل این کارتن رو که باید گذاشت توی آش‌پزخونه.

(صدای انفجار. پروانه جیغ می‌زند. سکوت. ناهید به پروانه نزدیک می‌شود. پروانه باز جیغ می‌زند.)

پروانه: ما باید از این‌جا بریم. باید از این‌جا بریم. باید از این‌جا بریم. باید از این‌جا بریم، من می‌دونم.

(سهیل از جیب خود سازدهنی بیرون می‌آورد و می‌نوازد.)

صدای زن: هنوز تمامش نکردی؟

صدای مرد: نه.ولی بیست دقیقه بعد همه‌ی این‌ها می‌میرن.

صدای زن: این‌ها می‌میرن؟

صدای مرد: آره.

صدای زن: پایان خوبی نیست.

صدای مرد: خیلی‌ها مردند.

صدای زن: تو زنده موندی. خیلی‌ها زنده موندند.

صدای مرد: مه‌یار زنده می‌مونه. به خونه نزدیک می‌شه. دیگه خونه که نیست، به خرابه‌ای که تا کمی پیش‌تر خونه بود نزدیک می‌شه. بغض راهِ گلوش رو می‌بنده. متوجه خروسی می‌شه که رو خرابه ایستاده به‌ش زل زده. اون‌وقت همون‌جا خم می‌شه گریه می‌کنه. توی کوچه، جلوی خرابه گریه می‌کنه. این تنها کاری‌ه که می‌کنه.
پایان

اسفندماه ۱۳۷۵،
بازنویسی: مهرماه ۱۳۷۶، زمستان ۱۳۸۴، تیر تا شهریور ۱۳۹۰، آبان ۱۳۹۸

پس‌گفتار

حرف‌های زیر را نوشته بودم که در جایی از نمایش‌نامه بگنجانم اما نتوانستم جای مناسبی پیدا کنم. در تمرین‌ها پس از صدای پایانی نویسنده گذاشتم ولی حرف‌های پایانی نویسنده را درباره‌ی مه‌یار کم‌اهمیت می‌کرد. فکر کردم چاپ بشود که دست‌کم خوانده شود.

(تصویر آدم‌های واقعی هم‌راه با تصویر خانه‌ها و ساختمان‌های موشک‌خورده.)

یک زن: من داشتم تلفنی با دوست‌م حرف می‌زدم. وقتی موشك خورد متوجه شدم افتاده‌م روی کف اتاق. صدای مردم رو توی کوچه می‌شنیدم. یادم اومد پدرم به‌م گفته بود وقتی توی آتش گیرافتادی پنج بار چهار رو بگیری آتش‌نشانی‌ه. شماره رو گرفتم اشغال بود. شماره‌ی دیگه‌ای که به‌مون یاد داده بودند یک دو سه بود، اورژانس تهران. شماره رو گرفتم به کسی که گوشی رو برداشت گفتم من از این آدرس زنگ می‌زنم. ما بمب خوردیم. طرف میون حرف‌م دوید گفت ما اطلاعات نمی‌دیم، ما اطلاعات نمی‌دیم. من دادزدم: گوش کن. من خودِ اطلاعات‌م. دارم می‌گم ما زیر آواریم. گفت می‌دونیم. محل حادثه به‌مون معرفی شده. از آتش‌نشانی و اورژانس دارن می‌آن اون‌جا. نگران نباشین.

یک مرد: این‌قدر آدم هجوم آورده بودن به پناه‌گاه‌ها که دیگه جای سوزن انداختن نبود. مردم هم‌دیگر رو کنار می‌زدن که خودشون برن توی پناه‌گاه.

زنی دیگر: من اصلن مچ قوی ندارم. ولی اون شب دست‌گیره‌ی در رو که چهارتا پیچ داشت و بایستی با پیچ‌گوشتی درآورد با دست‌م گرفتم کندم و در رو باز کردم. بچه‌ها رو بغل کردم رفتم بیرون. بارون می‌اومد. هنوز بویی که توی کوچه بود یادمه. بوی آوار. یه بوی خاصی‌ه.

مردی دیگر: خیلی‌ها شبا می‌رفتن زیر پل‌ها می‌خوابیدن، یا می‌رفتن با زن و بچه‌هاشون توی کوه‌ها زیر چادر می‌خوابیدن، هر روز از اون‌جا می‌رفتن سر کار.

زنی دیگر: آتش‌نشانی که به ما رسید اول دنبال بچه‌ها گشتن که نجات‌شون بدن. بچه‌هام رو بغل زدن بردن. بعد که یکی‌شون به من رسید من این‌قدر خوش‌حال بودم که گفتم آقا کی قراره خسارت من رو بده؟ فهمید دارم شوخی می‌کنم. خوش‌حالی که توی چهره‌ش بود هیچ وقت یادم نمی‌ره. گفت چه خوب که می‌تونین بخندیدن. دست‌م رو گرفت و توی راهِ بیرون‌رفتن گفت از صبح تا حالا کارمون شده دست و پای شکسته جمع کردن.

مردی دیگر: دوتا خونه جلوی ما از ترکش آتیش گرفت، از الم گاز آتیش گرفت.

زنی دیگر: وقتی برگشتیم فهمیدم خونه‌مون رو دزد زده. مثلن ریش‌تراش سفری شوهرم، لوازم آرایش‌م رو زده بودن. حتا مرباهایی که من بی‌چاره درست کرده بودم آقا دزده شیشه‌های مربا رو خالی کرده‌بود که شاید توش طلاملا باشه.

مردی دیگر: سقف خونه‌مون ریخته بود. مبل‌های خونه‌ی هم‌سایه افتاده بود توی خونه‌ی ما.

زنی دیگر: بچه‌م تا یه سال بعد نمی‌تونست ادرارش رو کنترل کنه. بچه‌م گریه می‌کرد و هی می‌گفت من چرا این‌جوری شده‌م؟

مردی دیگر: اون روزها ما خیلی دوست ازدست‌دادیم. خیلی فامیل ازدست‌دادیم. و معصومیت‌مون رو به‌کل از دست دادیم.

محمد یعقوبی نخستین‌بار در سال ۱۳۷۶ خورشیدی با اجرای نمایش «شب به‌خیر مادر» نوشته‌ی مارشا نورمن به عنوان کارگردان در تئاتر شهر تهران ابراز وجود کرد. سپس در همان سال با کارگردانی نمایش‌نامه‌اش «زمستان شصت‌وشش» در تئاتر ایران سرشناس شد.

محمد یعقوبی در سال ۲۰۱۵ به کانادا مهاجرت کرد و ساکن تورنتو است. در سال ۲۰۱۶ با همسرش آیدا کیخایی کمپانی «تئاتر این‌روزها» (Nowadays Theatre) را تأسیس کرد و در همان سال نمایش‌نامه‌اش «یک دقیقه سکوت» را به زبان انگلیسی در فستیوال سامروِرکس به روی صحنه برد. کمپانی تئاتر «این‌روزها» در سال ۲۰۱۸ توسط کمپانی Canadian Stage به عنوان کمپانی مقیم در برنامه‌ی بانک آربی‌سی برگزیده شد و در ماه مارچ ۲۰۱۹ نمایش‌نامه‌اش «تنها راه ممکن» را با حمایت اداره‌ی هنرهای تورنتو و اداره‌ی هنرهای انتاریو به زبان انگلیسی در Canadian Stage به روی صحنه برد. وی در سال ۲۰۱۹ نخستین نمایش‌نامه‌اش به زبان انگلیسی را به نام Persimmon (خرمالو) نگاشت و برای نوشتن آن جایزه‌ی پن کمپانی تئاتر کاهوتس را دریافت نمود.

تازه‌ترین کارهای او: زمستان شصت و شش (به انگلیسی) در فستیوال نکست‌استیج، ۲۰۲۰؛ مادر و هدیه‌ی تولد (دو نمایش کوتاه به انگلیسی و فارسی) در فستیوال فرینج تورنتو، ۲۰۲۱؛ دل سگ (اجرا ی آنلاین به زبان انگلیسی) در فستیوال نکست‌استیج، ۲۰۲۲.